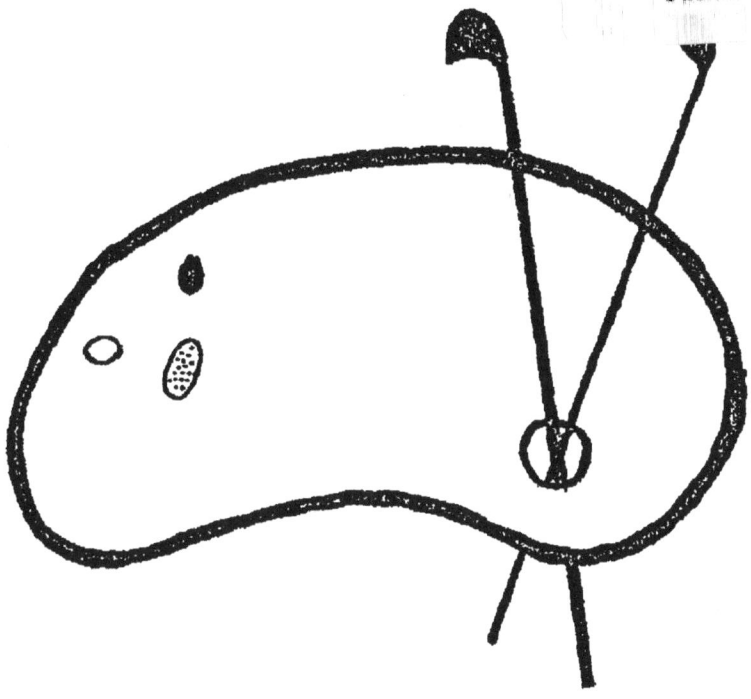

COUVERTURE SUPERIEURE ET INFERIEURE
EN COULEUR

ESSAI

SUR LA MARINE ANCIENNE

DES VÉNITIENS.

E S S A I

SUR LA

MARINE ANCIENNE

DES VÉNITIENS

Dans lequel on a mis au jour plusieurs cartes
tirées de la Bibliothèque de St. Marc, antérieures à la découverte de Cristophe Colomb,
& qui indiquent clairement l'existence des
isles Antilles.

PAR VICENZIO FORMALEONI

TRADUIT DE L'ITALIEN

PAR LE CHEVALIER D'HENIN

Officier au Régiment des Dragons de Languedoc,
Chargé des affaires de Sa Maj. Très-Chrétienne
près la Serenissime Republique de Venise.

V E N I S E   1788.

CHEZ FORMALEONI.
Avec Permission & Privilège.

EPÎTRE DÉDICATOIRE

DU TRADUCTEUR

A SON EXCELLENCE

MADAME LA COMTESSE

DE URSINS ET ROSEMBERG,

NÉE WYNE CY DEVANT AMBASSADRICE DE S. M.

IMP. ROY. ET APOSTOLIQUE PRÈS LA SER. REP.

DE VENISE.

MADAME LA COMTESSE,

EN Vous offrant la dédicace d'une traduction, je me compare à un pauvre cultivateur, qui présente à un grand Prince quelques chétives productions de son jardin. Le présent n'est proportionné qu'à celui qui l'offre: c'est plutôt un hommage, qui ne peut trouver grâce aux yeux du personnage qui le reçoit, qu'en

A 3

faveur de la simplicité & du bon cœur
de celui qui ose le présenter.

C'est dans ces sentiments, Madame
la Comtesse, que je prends la liberté de
vous dédier une traduction. Votre nom
déjà consacré dans la République des
lettres par des productions aussi brill-
lantes qu'agréables, donnera en paroissant ici, du relief au foible essay de
mes forces, dans une langue que je cul-
tive depuis peu de tems. Vous pouvez
être juge sévère par la parfaite connoissance que vous avez de la langue
Françoise et Italienne, sans parler
de celles que vous possedez encore ,en-
tre autres les langues Allemandes et
Angloises; mais je compte sur votre
bonté indulgente qui vous caracterise
et qui réunit en votre faveur les suf-
frages de ceux, qui ont le bonheur de vous
connoître. Les graces, et les avantages
que la nature vous a accordé et qu'ac-
compagne une naissance distinguée ,
pourroient seules vous rendre l'ornement
de la Societé; mais vous savez encore

faire taire l'envie, et vous faire pardonner la supériorité de votre génie, en ne paroissant dans les cercles que femme aimable, & non femme savante.

En rendant ici un hommage public à votre mérite, Madame la Comtesse, je suis autant l'echo de ceux qui vous connoissent, que l'interprète fidèle, des sentiments d'admiration, d'estime & de respect, avec les quels,

J'ai l'honneur d'être,

MADAME LA COMTESSE

De Votre Excellence

le très humble & très obéissant serviteur
LE CHEVALIER D'MENIN.

A 4

AVIS
DE L'AUTEUR.

―――――――――

SI je publie de nouveau dans cet essai (*) sur la marine ancienne des Vénitiens, quelques cartes hydrographiques tirées de la Bibliothéque de St. Marc à Venise, que j'avois déjà inséré dans le tome VI. de l'Histoire des Voyages; qu'on ne croye pas, que ce soit pour satisfaire aux recherches des littérateurs Italiens, aucun d'eux ne m'en ayant témoigné le désir. Les étrangers seulement m'y ont excité par des encouragements multipliés & sur tout Monsieur le Comte de Vergennes, premier Ministre de Sa Majesté très-chrétienne qui fut instruit, je ne sai par quelle voie, de la publication de mon ouvrage, & m'en fit demander quelques exemplaires. Accoutumé à l'indolence italienne, je fut

―――――――――

(*) Cet ouvrage a été imprimé à Venise dans l'imprimerie de l'Auteur en 1783 avec l'approbation des Supérieurs.

très surpris qu'au milieu des affaires multipliées d'un royaume aussi vaste que celui de la France, il lui eut été possible de porter un coup d'œil, jusque sur des objets aussi petits. C'est donc pour satisfaire à l'emprêssement des étrangers, & répondre à l'honneur qui m'a été fait par un personnage aussi illustre, que j'ai crû devoir publier de nouveau, les mêmes cartes hydrographiques avec plusieurs corrections & augmentations & de les joindre ici comme ayant un très grand rapport avec la marine des anciens Vénitiens; me flattant d'ailleurs de faire une chose agréable à tous les amateurs de ce genre de littérature.

ESSAI

SUR LA MARINE ANCIENNE

DES VENITIENS

EN réfléchissant quelquefois sur l'histoire des sciences & des arts, il m'a semblé qu'il y à une distance infinie entre la vérité & l'image qui en reste à la postérité tardive & souvent trompée. Repassant ensuite avec rapidité dans mon imagination, les personnages fameux qui ont figuré le plus dans leur tems, je me suis dit en moi-même, ah combien le hazard & l'injustice a eu part à votre gloire!

Qu'il me soit permis de réfléchir un peu sur la misérable condition des mortels, sur notre malheur auquel la nature a ajouté le désir de savoir, & même de tout savoir; instinct empoisonné, qui a porté à son comble le bien & le mal qui est attaché à notre existence.

L'homme naît privé d'idées, il se consumme & meurt tandis qu'il en fait l'acquisition. Ses connoissances s'anéantissent avec lui, & un seul moment détruit l'ourage de plusieurs années : il n'est pas plus exempt d'un si cruel destin, que les bêtes qui habitent la surface de notre globe. La nature semble n'avoir produit l'homme que pour s'en mocquer & en faire son jouet en le trompant par l'illusion des idées agreables, mais vaines & fauses , qui le transportent hors de sa sphère, ainsi que par le désir de l'immortalité, qui l'occupe & le remue avec tant de violence. Tout en courrant vers la destruction à laquelle il se voit destiné, cette manie l'occupe tout entier & conduit tous ses pas. Il imagine qu'il s'éternisera dans ses enfans, qu'il passera à la postérité par ses actions, soit en construisant un palais, en élevant un temple, en faisant un livre, ou même en commandant un tombeau, qui démontre cependant sa folie d'une manière évidente.

Les belles lettres , les sciences & les arts doivent leur naissance à cette manie de l'immorta-

lité, & c'est par cette raison, que toutes les
fois que les sciences en général viendront à s'é-
teindre, elles renaitront toujours tant qu'il y
aura des hommes sur la terre: malgré ce qu'au
rapport de Platon, les Philosophes Egiptiens
disoient à Solon, qu'à certaines époques il ve-
noit des déluges & des dérangements universels,
qui boulversoient la terre, detruisoient l'ouvrage des hommes, & enlevoient aux générations
suivantes les lettres & les arts: cependant ces
mêmes sciences se rétablissent toujours peu à
peu, & leur dépérissement & leur renaissance,
font partie de ces révolutions fréquentes qui arrivent
dans la nature. L'homme & ses ouvrages sont
soumis à des loix communes; il meurt: les sciences & les arts meurent aussi: les grandes révolutions les anéantissent sur toute la surface du
globe: celles qui sont moins considérables les
détruisent dans un climat, pour les transférer
dans un autre; les font décheoir chez une nation pour les communiquer à une autre; elles
dégénèrent dans un siècle & refleurissent dans
un autre. Quelquefois des peuples grossiers &
sauvages ramènent la barbarie & la désolation
dans les régions habitées par des nations déjà

policées; il arrive qu'ils s'adoucissent & se ci-
vilisent eux mêmes; & les efforts que l'on fait
ensuite pour rétablir ce que ces barbares ont
détruit sans le connoître, sont d'autant plus-
grands, que la destruction en a été rapide.

C'est ainsi que le Gaulois abattirent l'Empire Etrusque & y ramenèrent la Barbarie, ce furent eux encore qui portèrent depuis leur am-
bition, sur le barreau, sur les sciences & les
arts des Romains, les Goths ensuite & les
Lombards en firent autant en Italie, les Ara-
bes dans l'Asie & dans l'Afrique, & les Tarta-
res dans la Chine. Les Turcs auroient fait la
même chose dans la Grèce, si les lettres & les
sciences n'en eussent pas été déjà bannies depuis longtems.

Parmi toutes les nations de l'Italie, il s'en
trouve pourtant une seule, qui jamais, n'a été
soumise au pouvoir destructeur des Barbares :
cette nation est la Vénitienne. Les Gaulois
qui détruisirent les colonies Etruques sur les rives du Po jusqu'à la mer, ne purent pénétrer
dans la Région des Vénitiens, où l'empire des
sciences & des arts s'étoit déjà étendu; mais non
celui des Etrusques.

Ces Gaulois purent abattre les superbes amphiéatres d'Adria, & ses temples magnifiques; mais il leur fut impossible de franchir les murs de Padoue, séjour antique de la civilisation, des sciences & des arts. C'est cette ville qui conservat le bon gout chez les Vénitiens, jusqu'à ce qu'enfin, une contagion fatale à l'esprit, prévalut dans le monde, arrêta & détruisit tous les progrés de l'intelligence humaine.

Alors les lettres & les sciences furent proscrites par une génération corrompue, alors les passions humaines déguisées & excités par d'autres aiguillons que ceux de la gloire, dirigèrent tous leurs efforts vers des objets vains & inutiles : le mépris des biens terrestres inculqué par la religion, fit tomber en discrédit la sagesse humaine, comme une source dangéreuse d'erreurs. Les connoissances acquises depuis tant de siècles furent abandonnées par les hommes, comme ure chose de nulle valeur : elles s'évanouirent eu peu de tems, en laissant la malheureuse postérité plongée dans une épaisse ignorance.

Néanmoins pendant ces tems de calamité & dans ces siècles, où l'esprit humain étoit dans l'esclavage, les sciences & les arts ne furent jamais perdus parmi nous. Nous fîmes plusieurs belles découvertes, & nous trouvâmes beau-coup d'utiles inventions, aux quelles les besoins de notre commerce & de notre navigation, les voyages mêmes & la communication avec les peuples d'orient, eurent certainement la plus grande part. L'aurore des arts & des sciences prit naissance sur notre horizon, & se répandit ensuite chez les nations voisines; maintenant qu'elles sont éclairées, & parées de nos connoissances, elles élèvent leur front impérieux & par un orgueil vain & méprisable, joint à l'ignorance de notre histoire, elles nous contestent la gloire que nous nous sommes acquise dès les tems les plus reculés.

Tant que l'Europe ne connut point l'art de l'impression, les sciences ne furent pas beau-coup repandues, les inventions & les découvertes passèrent difficilement d'un peuple à un autre. Les livres étoient l'héritage précieux d'un petit nombre de savants, & l'exercice fatiguant de la plume, occupoit la vie entière des gens de lettre. Les travaux de nos prédécesseurs étoient d'un bien foible secours pour la postérité & chacun

restoit

restoit abandonné aux efforts de sa propre imagination.

Pour surmonter les obstacles sans nombre, qui
se rencontroient alors dans la carrière épineuse
des sciences & des arts, il ne falloit rien moins,
que de puissants moyens, excités par de grands bésoins; c'est ce que les Vénitiens ont vérifié chez
eux. En effet quelle est la nation qui plus qu'eux
a eu de grands besoins & en même tems de grands
moyens pour les satisfaire? Confinés au milieu
des vastes lagunes de l'Adriatique, sur de petites
isles étroites & stériles, ils y avoient besoin de
tout; mais la mer & les fleuves leurs ouvroient la
route pour se pourvoir de tout: voilà l'origine
première & la vraie base de la grandeur & des
richesses des Vénitiens. La necessité en format
un peuple de commerçants & de navigateurs;
le hazard le avoient placés dans la position la
plus avantageuse pour y réussir & la plus propre, pour parvenir jusqu'au faîte de la grandeur.
Il n'est donc pas étonnant que nos ancêtres a-
yent sçu jetter les fondements d'une République aussi puissante & en rendre le gouvernement immortel. Si leurs besoins étoient pressants,
leurs moyens pour y satisfaire, étoient puissants·

Devenus les habitants du mobile élement ; ils parvinrent enfin à le soumettre à leurs loix ; c'est ainsi qu'en maîtrisant la mer , il purent parcourir différents pays, franchir les aciennes limites du monde connu, dompter des nations belliqueuses, soumettre des royaumes & conquérir des provinces ; cela , dans un tems où le reste de l'Europe connoissoit à peine son existence.

Ils ne pouvoient sans doute exécuter d'aussi grandes choses sans cette supériorité que fournit les grands moyens. Mais si on examine notre histoire , on s'appercevra facilement que ce n'est ni la grande population , ni l'esprit martial des Vénitiens, qui y eurent part. Quels furent donc ces moyens qui les rendirent si supérieurs à leurs voisins , si ce n'est les sciences & les arts dont ils apporterent les débris de Rome & de la Grèce. Je ne crains point eu cela de m'éloigner des bornes de la vérité ; malgré la longueur qu'exigeroient les preuves de ce que j'ai avancé & qui excéderoient de beaucoup les limites de mon objet, si je voulois les produire toutes séparément.

Je ne prétends traiter ici qu'un seul point ;

qui est de donner un court essai sur la marine ancienne des Vénitiens, & de démontrer autant que je le pourrai, qu'ils connoissoient cette science, beaucoup mieux qu'on ne l'a cru depuis. En effet qu'y-a-t-il de plus naturel qu'un peuple de navigateurs fasse des progrès dans la science de naviguer? Mais encore un coup cette science ne peut exiter sans les autres, ni être séparée des arts. L'hydrographie, l'astronomie & les mathématiques, en sont inséparables la construction des vaisseaux & tous les bésoins du commerce, entrainent avec eux tout l'enchainement des arts; d'où on peut conclure, qu'il est hors de doute que toutes les sciences & tous les arts dont nous venons de parler n'ayent été connus des Vénitiens dès les tems les plus reculés & qu'ils ne furent jamais perdus parmi nous.

Le Professeur Toaldo dans ses essais sur les études des Vénitiens, démontre suffisamment que leurs navigateurs furent les premiers à appliquer la trigonométrie à la navigation: ce qui sans contredit leur fait beaucoup d'honneur; mais combien n'auront-ils pas à se glorifier encore plus, si je viens à prouver qu'ils furent

aussi les premiers à introduire dans la trigonométrie, l'usage du rayon divisé en décimales, & les tangentes mêmes, que Toaldo suppose avec tous les autres, avoir été employé
par Regiomontano. Cette belle invention injus-
tement attribuée à cet Allemand, à la vérité
homme de mérite & savant, étoit d'un usage
immémoriale chez nous; je ne sai pas pourquoi,
la postérité injuste, lui en a fait honneur,
puis qu'il l'a certainement appris de nous, lorsqu'il vint-à Venise en 1463. C'est ainsi que ce
hardi Florentin Améric Vespuce, enleva à Christophe Colomb la gloire de donner son nom
au nouveau monde: gloire qui ne lui appartenoit pas; puis qu'elle a été encore enlevée aux
frères Zen.

Dans le sixième tome des voyages, j'y ai déjà
fait mention d'un portulan, ou recueil de cartes
des ports de mer d'André Bianco en 1436, d'ont
j'avois des lors publié deux cartes, & que j'a-
vois inséré dans ce volume. C'étoit mon inten-
tion de mettre toutes les autres au jour en y
ajoutant encore un éclaircissement sur toutes
en général. J'avois déjà mis la main à l'œuvre;
mais plusieurs raisons m'en détournerent. Les

dépenses & le travail étoient bien considérables d'une part, & de l'autre l'expérience, m'a bientôt convaincu que je ne pourrois tirer aucun fruit de mes sueurs & de mes fatigues, par un sort fatal au quel les productions littéraires consacrées à l'honneur de la patrie ne sont que trop souvent condamnées. Des épreuves multipliées, m'ont fait connoître qu'il n'y a aucun avantage d'être sensible à ce genre de gloire, toutes les fois qu'on ne retire de ses longs & pénibles travaux, que le mépris & la plus froide indifférence. Je dois avouer cependant, que l'unique récompense que j'ayes reçu de mon application coutinuelle à ce genre d'érudition nationales dont on ne s'occupe plus, c'est l'honneur que le savant Mr. Toaldo m'a fait dans ses essais sur les études Vénitiennes, honneur au quel j'ajoute un grand prix, parce qu'il vient de la part d'un savant distingué, & qu'il m' accorde le plus glorieux des éloges, celui d'être zêlé pour le nom Vénitien.

Aussitôt que ces mêmes essais de Toaldo, qui m'ont inspiré tant de courage pour continuer mon entrepise, me parvinrent dans les mains, je ne pu resister à l'invitation qui m'êtoit faite & je me préparerai aussi-tôt à mettre au jour quelque chose de nouveau en suivant les traces d'un professeur aussi éclairé, Néanmoins en mettant à profit les lumières qu'il m'a fourni, j'oserai m'éloigner en partie de son opinion & principalement lorsqu'il est d'avis que les Vénitiens n'ont fait usage de la trigonométrie dans la navigation, que depuis que *Regiomontano*, leur eut communiqué la pratique de calculer les sinus sur le rayon divisé en parties décimales & leur eut appris la manière de se servir des tangentes.

C'est précisément parce que cette pratique & cet usage du rayon décimal & des tangentes dans le calcul trigonométrique, fut connu par les Vénitiens de tems immmémorial ; que *Regiomontano* n'en fut point l'inventeur & que c'est lui qui l'a appris de nous, lorsqu'il vint à Venise en 1463 pour y conférer avec le cardinal Bessarion. Comme il étoit grand mathématicien, il reconnut bien facilement l'utilité de cette pratique qui fut depuis appliquée à l'astronomie : c'est d'après cela que la posterité le regarda comme l'auteur d'une invention aussi avantageuse ; & cette opinion devenue en peu de tems universelle, fut ensuite adoptée sans examen & sans critique, de la part des écrivains de l'histoire des mathématiques. Leur sentiment sembleroit être de quelque poids, si l'autorité pouvoit balancer contre un fait. Je suis le premier qui ait reconnu cette erreur; & déjà j'en avois fait la découverte & je l'avois indiqué dans le VI. tome de l'histoire des voiages, quand Mr. l'abbé Toaldo publia son livre intitulé: *Spiegazione dell'antica regola del navigare, chiamata la raxon del marteloio*, tirée d'un ancien manuscrit du Doge Foscarini. Cette explication suppose que la règle étoit postérieure à *Regiomontano*, auquel l'auteur l'atribue; mais pour moi qui ne suis point prévenu en faveur des modernes, au désavantage des anciens, je la réclame comme appartenant à des tems plus reculés.

Nous savons qu'il y a eu des Phéniciens, des Carthaginois, des Grecs & sur tout de profonds géomètres dès les siècles de la plus haute antiquité; & il est à présumer, que les secours qu'ils pouvoient tirer de la trigonométrie ne leur a point échappé, & qu'ils en avoient connoissance. Nous lisons que ces navigateurs de l'antiquité osoient se confier aux vents sur le vaste Ocean, traverser la Méditerranée, sillonner toutes les mers avec des flottes nombreuses, transporter des armées, y livrer des combats, poursuivre l'énemi : & nous pourrions croire qu'ils eussent confié leur destin, uniquement au hazard ? Si l'on demande à ceux qui croyent que les anciens ne savoient rien sur la marine, sur quoi est fondé leur opinion, & quelle est la preuve qu'ils naviguoient dans de petites barques à rames & seulement en cotoyant ; ils ne pourroient je suis sûr, rien produire qui puisse soutenir l'examen de la critique. Qu'on ne dise donc plus que les anciens ne savois rien sur l'art de la navigation ; mais plutôt, que nous ignorons jusqu'à quel point ils y ont été expérimentés. Les anciens au reste étoient des hommes comme nous, des hommes aux quels nous devons toutes les sciences, des hommes capables d'une profonde méditation, & encore mieux des hommes libres de ce joug qui dégrade l'esprit humain : & nous croirions qu'ils n'ont été que de fort peu de chose, supérieurs aux corsaires de la Mer Noire & aux Uscoques de l'Adriatique ! Si la trigonométrie leur manquoit, que leur restoit-il donc pour les guider sur la mer?

Je pourrois entrer ici dans un vaste champ d'érudition & démontrer par un grand nombre d'arguments pésants, combien l'opinion que nous avons sur la marine des anciens, s'éloigne de la vérité. Mais je me réserve pour une occasion plus favorable, si jamais j'ai le tems de terminer un histoire sur la marine & le commerce des Vénitiens que j'ai commencé à l'instigation d'un des hommes les plus savants, & j'ose dire des plus animé de l'esprit de patriotisme.

Si les Vénitiens reçurent des Grecs, cette science en héritage, ce n'est point certainement de ceux qui se livroient aux spéculations, sur la doctrine mystique du divin Platon; ni de ceux qui vinrent après & qui ne savoient autre chose que faire de signes de croix à milliers devant des images grossières de Saints, tantôt objet de leur culte, tantôt de leurs persécutions; mais plutôt de ces Grecs, qui assiégerent la ville de Troye, qui fonderent de nombreuses Colonies, en Asie, en Afrique, & surtout en Italie, de ceux qui éleverent le Pirée

& le Colosse de Rhode, de ces Grecs enfin, qui surent vaincre les flottes de Xerces.

Il est vrai que dans le quinzième siècle, les Grecs des isles & ceux de Constantinople, se réfugierent en Italie, & surtout dans la Véne-tie, à cause des progrès menaçants & trop avé-rés des Ottomans; mais seroit-il possible qu'on pu soupçonner, que la perfection de l'art de la navigation eut été apportée à Venise par des Grecs transfuges & miserables? La Grèce ne possédoit déjà plus cet art de la navigation & cette science du commerce.

L'empire d'Orient ayant changé de face, & se trouvant démembré de tout côtés, & re-streint aux confins peu étendus du district de sa capitale, il avoit depuis longtems renoncé à ses prétentions sur la mer & à tout ce qui con-cerne la marine. C'est à cette époque que les Vénitiens vers le XIII. siècle, sortirent de leurs lagunes avec une flotte puissante, qu'ils purent former le siège de Constantinople, y rétablir sur son trône un Empéreur exilé, le punir en-suite de son ingratitude; enfin emporter d'as-saut, cette grande ville, & se rendre maître d'un quart de l'empire des Grecs.

Si ces derniers eussent cultivés l'art de la navigation, & s'ils se fussent appliqué à tout ce qui a rapport à la marine, pourquoi dans les siècles qui précéderent cette fameuse époque, eurent-ils recours aux Vénitiens pour implorer leur assistance contre les Normands & les Sarazins? & comment les Vénitiens à leur tour, auroient-ils pu établir leur puissance sur la mer & acquérir cette réputation de navigateurs incomparables, sans être instruits dans l'art de la navigation? Cette réputation, dis-je, est cependant aussi ancienne que la fondation de le République, puisque du tems de Théodoric Ostrogot, ils avoient coutume au rapport de Cassiodore, de parcourir des espaces immenses sur la vaste superficie des mers.

C'est un vrai préjugé de croire que dans ces premiers tems de la nation Vénitienne, elle ne se servoit que de petits bâtiments à rames. Pour moi je crois fermement, que les Vénitiens avoient des vaisseaux aussi grands que ceux d'aujourdhui, on peu s'en faut; & de même que la distance diminue les objets, de même aussi je pense que l'éloignement de mille ans & plus, a pu nous faire illusion.

L'origine de ce préjugé défavorable, vient de l'opinion trop commune & mal fondée, que la République de Venise, qui est la plus puissante & la plus remarquable qu'il y ait eu, après celle des Romains, n'ait eue que des commencements obscurs & peu considérables, & que ces fondateurs n'ayent été que de pauvres pêcheurs : opinion que j'ai déjà combattue dans une autre occasion, & dont j'ai demontré toute la fausseté dans mon abrégé de l'histoire des Vénitiens.

En effet ce préjugé une fois dissipé & en parcourrant d'un œil critique les différents passages de l'histoire ancienne des Vénitiens, ou y trouve que dès le premiers siècles, ils avoient des forces maritimes, qui devoient supposer l'art de construire des vaisseaux & la science de les diriger. Comment cette nation auroit elle pu courrir les mers, jusqu'aux plages les plus éloignées, avec des barques de pêcheurs & de petits bâtimens à rames seulement ? Comment auroient-ils pu transporter l'armée que Justinien expédia pour reconquérir l'Italie sous la conduite de Narsès. Comment auroient-ils pu parvenir à purger la Mer Adriatique que les corsaires Dalmates infestoient par leurs incursions continuelles , comment auroient-ils fait, pour tenir tête aux Sarazins, & réprimer l'audace des Normands?

La réputation que les Vénitiens s'étoient acquise par leur science dans la navigation, & par leur courage sur mer, étoit déjà connue (*) dès ces tems reculés, à toutes les nations maritimes. Mais ce ne sont là encore que des conjectures. Nous n'avons pas de preuves plus anciennes que celles de l'an 1202. Pour nous donner une juste idée de la grandeur des vaisseaux Vénitiens & nous faire juger comment de pareils bâtiments, pouvoient voguer le long de côtes, ou bien se diriger en pleine mer, sans le secour de l'art de la navigation.

Pour transporter au delà des mers l'armée des François & des Bourguignons destinée pour cette fameuse Croisade, qui se termina ensuite par la prise de Zara & de Constantinople, les Vénitiens employèrent cent dix gros vaisseaux,

---

(*)   *Gens nulla valentior illis*
Æquoreis bellis, ratiumque per æquora ductu.
                                          Willelmus Apul.

soixante d'une construction allongée & un nombre pareil d'autres bâtiments de transport. Il
entroit alors dans cette expédition quatre mille
cinq cent chevaux & plus de quarante mille
hommes de troupes: d'où l'on peut juger qu'elle pouvoit être la capacité des vaisseaux qui
composoient un armement aussi formidable &
dont les préparatifs durèrent trois ans consécu-
tifs dans les arsénaux de Venise.

C'est ici le moment de réfléchir un peu sur
la grande puissance de la République dès ces
tems là, & sur la quelle on a de si étranges
préjugés. A ce deux cent trente vaisseaux, les
Vénitiens y joignirent encore cinquante galères
armées en guerre, ce qui format en tout une
flotte de deux cent quatre vingt vaisseaux de
guerre, tous construits sur les chantiers de la
République, & tous arborants son pavillon. Cependant elle n'étoit pas encore parvenue au comble de sa grandeur, & elle ne possédoit pas encore un pouce de terre dans-la Lombardie. Il
y en avoit un parmi tous ces vaisseaux, qui
s'appeloit *il Mondo*, le plus grand que la Mer
Adriatique ait porté depuis le vaisseau trium-
phal de Claudius. Il seroit à souhaiter, que

l'Histoire nous eut conservé les dimentions de ce grand bâtiment, comme on l'a fait pour un autre vaisseau appellé la *Sta. Maria* que la République de Venise accordat à St. Louis Roi de France, pour l'expédition de 1268. Le Diplome des conventions entre ce Monarque & la République a été publié par Zanetti. On y voit que le gouvernement républicain lui accordat trois de ses vaisseaux & douze autres qui appartenoient à des particuliers Vénitiens. Cependant ces quinze vaisseaux transporterent à la Terre Sainte, quatre mille chevaux & dix mille soldats; nombre vraiment remarquable, qui démontre bien clairement la capacité surprénante de ces bâtiments dont le plus grand avoit cent & huit pieds Vénitiens (*) de longueur & cent dix matelots, ce qui revient à peu près à la dimention d'un de nos vaisseaux de soixante pièces de canons. (**)

Suivant la réflexion de Zanetti on doit faire

_____

(*) Le pied de Venise est au pied de Paris comme le 1540, est à 1440.

(**) Les vaisseaux Vénitiens du premier rang ont 125 pieds de quille & 127 suivant le dernier modelle.

attention dans ce passage, que la marine des
Vénitiens étoit déjà en partie changée & qu'on
ne faisoit plus usage des rames dans les bâtiments de transport; mais j'aurois voulu, qu'ils
nous eut dit quand cette réforme eut lieu, at-
tendu que ce qu'il semble vouloir nous faire
conclure en citant l'ouvrage de l'art de la guerre de Leon le Sage, ne me paroit raisonnable
en aucun point. Il n'est pas parlé dans ce passage, que des vaisseaux armés pour le combat, qui
naturellement parlant avoient tous le secour des
rames; ce qui étoit très nécessaire avant qu'on
se servit de l'artillerie & dans un tems où l'art
de la guerre sur mer étoit généralement dirigée
d'après cette usage; mais on ne fait point mention des bâtiments de charge, pour le transport des hommes, des marchandises & des chevaux, & comme ils étoient simplement à voile
en 1200, ils le furent encore de même dans la
suite.

Ces vaisseaux simplement à voile, ne servirent point à la guerre, autant que je puis le
conjecturer, avant le IX. siècle, & il semble
que ce fut la nécessité seule qui ait donné aux
Vénitiens l'idée de les armer en guerre. En
effet

effet un de nos anciens historiens nous apprends que les Vénitiens ne s'en servirent à cet usage que l'an 838 lors de la défaite & de la déstruction totale que les Sarazins firent de leur flotte qui étoit composée de soixante galères & qui avoit été expédiée en Sicilie pour porter du secour aux Grecs; ils s'en servirent aussi à l'occasion d'une autre journée malheureuse à *San-sego*, dans la quel les Sarazins resterent encore une fois les vainqueurs. Les Vénitiens alors se trouverent si affoiblis sur mer, que les Corsaires de Dalmatie oserent infester les bords des lagunes & s'emparer de Caorle & de Grado. Ce fut alors que le Doge *Gradenico* expédia ces deux vaisseaux appellées *Galandres* armés en guerre d'après une nouvelle invention. Ces *Galandres* étoient certainement des vaisseaux marchands & par conséquent à voile simple, comme cela est prouvé par d'anciens passages.

Si je ne me trompe, les *Galandres* des anciens n'étoient autre chose, que les *Palandres* des modernes; d'ailleurs rien n'est si facile que le changement d'une lettre dans la prononciation, surtout pendant le cours de plusieurs siècles & de la part de mariniers grossiers. Je ne

C

chercherai point l'étimologie de ce mot dans
les dictionnaires grecs, je le crois d'origine Vénitienne plutôt que d'être tiré du grec, d'autant plus que l'art de la navigation semble inventé par les Vénitiens, dont la langue n'étoit
point alors celle des grecs quoi qu'elle y eut
quelques rapports dans les siècles de la plus
haute antiquité.

L'Empéreur Leon le Sage dans son ouvrage
sur l'art de la guerre ne fait certainement point
mention des *Galandres*, dans l'énumération qu'il
donne de toutes les espèces de vaisseaux. Nous
savons que d'autres écrivains grecs en ont parlé avant *Theophane*, *Cedrenus*, *Costantin Porfiro-
génète*, *Simon Logoteta* & d'autres encore, dans
des siècles moins reculés. Constantin Porfirogé-
nete nous apprends, qu'il y avoit trois sortes
de *Galandres*: les unes appellées *Panfiles*, elles
étoient les plus grandes; les autres *Usiaches* &
enfin les dernières proprement dites *Galandres*.
Il semble que les premières étoient des vaisseaux armés pour la guerre seulement & qu'ils
correspondoient alors par leur grandeur à nos
vaisseaux de ligne du premier rang. Les secon-
des étoient destinées au transport des marchan-

dises & surtout de la cavallerie, elles correspondoient assez à nos *Usteri*; sorte de petites
barques dont il est fait mention dans l'histoire
des Croisades; ou bien encore aux *Hippagogi*
des anciens d'un tems plus reculé. La troisième
espèce enfin étoit la *Galandre* simple, elle cor-
respondoit autant que je puis croire à nos *Palandres* modernes.

Ces sortes de bâtiments sont aujourdhui suivant les règles de notre arsenal, ce qu'on appelle les *Marcilianes*; mais avec un petit épron
à la proue & deux petites ouvertures à la pou-
pe, dans l'un & dans l'autre on y pratique
deux œils de beufs afin de pouvoir amarrer sur
quatre ancres ces sortes de bâtiments. Ordinai-
rement ils ont cinquante pieds de quille & ils
excédent en largeur, la moitié de la longueur;
ils portent un bord élevé & ils ont un recou-
vrement bien radoubé, qui forme un emplace-
ment capable de recevoir un lit à bombes. Ils
ont une seule voile avec une mâture un peu
inclinée vers la proue. Ces sortes de bâtiments sont remorqués pour l'ordinaire, ils
ne portent d'autres batteries que celles pour
les bombes & n'ont pour toute milice que des

bombardiers, avec un petit nombre de matelots.

Ils est nécessaire d'observer ici en passant, que l'étimologie des anciens noms des vaisseaux Vénitiens, *Palandres*, *Taretes* & *Marcilianes* se sont assez clairement conservés dans ceux des *Palandres*, *Tartanes* & *Marcilianes* de notre marine moderne. Zanetti est assurément dans l'erreur, quand il fait venir le mot *Marciliane* de Marseille, avec laquelle les Vénitiens avoient véritablement des rapports de commerce, même dans un tems très reculé, mais non pas pour y apprendre la construction des vaisseaux & y chercher de noms pour leurs bâtiments.

Maintenant puis qu'il est si naturelle de croire que les *Galandres* des anciens étoient les *Palandres* modernes & que celles-ci sont à voile seulement. Ma conjecture est alors vraisemblable de dire que ce n'est que vers l'an 838 que furent armés en guerre dans les cas de nécessité, ces sortes de bâtiments qui n'étoient destinés dans l'origine qu'au seul transport des marchandises. Le bon effet qu'ils eurent pour attaquer les Corsaires dans les murs de Caorle & de Grado, en fit reconnoître l'utilité dans les expéditions militaires sur mer, & dès ce moment, ils furent mis au nombre des vaisseaux de guerre.

Ils est hors de doute que les vaisseaux à voiles seulement, ne fussent connus dans les siècles antérieurs, puisque les Romains les connoissoient aussi; mais si l'on me demande ensuite comment ces mêmes vaisseaux de transport pouvoient être armés en guerre, dans un tems où l'artillerie & les bombes n'étoient pas encore connues. Je repondrai que les anciens avoient des machines de guerre, dont ils pouvoient armer ces mêmes vaisseaux & les rendre formidables. Marin Sanudo le démontre clairement dans ses ouvrages, ou il parle fort au long d'un projet pour la conquéte de la Terre Sainte. Mais après tout, il n'est pas certain que l'artillerie & les bombes n'ayent pas été connues des anciens, ainsi que tout le monde croit; puis que les Siphons (*) dont l'Empéreur Leon fait mention, pourroient bien être des espèces de bombes. Ces sortes de machines lancoient du feu sur les vaisseaux des énnemis

_____

(*) κβίρωνα χάλκω υμρίεβμεννον ωβεϑος.

avec un bruit accompagné de fumée, ces Siphons dis-je, étoient doublés de métal. Ce feu accompagné d'une explosion & d'une fumée ardente, que pouvoit il être? Pour moi je pense que *Frauze* dans la description de la prise de Constantinople par les Turcs, ne se trompe point en appellant feu grec, notre poudre à tirer moderne.

Les anciens vaisseaux de guerre qui étoient d'abord à voiles & à rames, avoient a leur proue, jusqu'à trois de ces machines; & pour le plus souvent une seule; c'est ainsi que de nos jours, nous voyons des galères qui ne sont armées que d'une seule pièce de canon placé à la proue. Ce fut encore une invention des Vénitiens d'en armer des vaisseaux de haut bord; mais comment l'exécuterent-ils & quels moyens y employerent-ils, c'est ce qui ne nous est pas bien connu.

Si nous prenons d'ailleurs pour exemple les *Palandres* modernes, on peut soupçonner que c'est de l'invention des Vénitiens d'avoir substitué les Bombardes aux Siphons, à cause peut être du haut bord des Galandres. Il est certain que les Vénitiens vers la fin du troisième siècle étoient déjà très habiles dans le maniement de ces armes terribles; puis que dans la guerre de Chiozza en 1380, ils en firent jouer une qui jettoit des balles de cent quatre vingt quinze livres, en sorte qu'une entre autre abatit une partie de la tour de Brondolo, mit en pièce le Général Doria & tua beaucoup de soldats Génois. Dans cette guerre mémorable au rapport de Plantina, il n'y avoit pas un seul bâtiment ou petite barque plate *Libo*, qui n'eût deux bombardes ou davantage.

Mais je m'eloignerois trop de mon sujet, si en cette occasion j'étendois davantage mes réflexions. Revenant donc à notre objet, il est prouvé que les Vénitiens avoient dès les premiers tems de la République, des vaisseaux de haut bords à voiles seulement & d'une grandeur considérable, comme je l'ai déjà démontré; à présent il me reste seulement à prouver qu'ils possédoient l'art de les diriger en haute mer. Il est inutile d'entreprendre d'établir qu'ils ayent eu un besoin indispensable de cette science, puis qu'il est impossible de guider sur mer de gros vaisseaux à voiles, sans carte & sans boussole; mais les anciens Vénitiens ne manquoient pas de ces secours.

Qu'ils ayent eu dés cartes pour la navigation dès l'an 1300, c'est ce qui est démontré suffisamment par la description que Sanudo a donné, des plages Orientales de la Méditerranée & en outre par les cartes qui se trouvent jointes à son ouvrage, qui sûrement ne sont pas les premières qui furent faites à Venise.

Le même auteur parle de la direction de la calamite ou pierre d'aimant vers le Pôle Arctique, comme d'une chose si commune de son tems, qu'il s'en sers pour faire une comparaison mistique afin d'animer le zêle des fidèles & les engager à tenir leurs regards toujours dirigés vers le sépulcre du Christ (*). Pourquoi donc dira-t-on encore que c'est un certain *Gioia* de la ville d'Amalfi qui inventa la boussole adaptée à la navigation?

Après les cartes de Sanudo, la plus ancienne qui nous reste est celle de Zanetti Vénitien, la quelle a été vendue à la Bibliothéque de

---

(*) Attrahit certe amor originalis principii ... Quum potius magnes attrahit ferrum, quia nobiliori modo in magnete virtus sui principii Poli Arctici reperitur.

Sanudo.

Parme pour peu de chose de plus que trente-trois pièces de monnoye (*); dans le fait elle valoit peu puis qu'elle n'étoit qu'une copie de cartes plus anciennes qui se faisoient alors à Venise pour l'usage de la navigation. J'ai déjà démontré ailleurs, que l'original devoit avoir été fait vers le commencement du trezième siècle, dans un tems où le pavillon de St. Marc flottoit encore sur les murs de Constantinople.

Vient ensuite la carte pour naviguer dans les mers du Nord, faite par les frères Zen en 1380, qui nous est conservée avec une gravure en bois de 1556 extrêmement rare.

Je n'en ai pas pù trouver l'original, mais j'ai bien vù dans la Bibliothèque de St. Michel à *Murano* une carte d'un nommé *Benincasa* qui s'occupoit à faire des cartes marines en 1471, dans la quelle on y voit tracée l'île de Frislande qui est aujourdhui perdue & que les frères Zen avoient découverte & dessinée pour la première fois (**).

Parmi les cartes manuscrites celle-ci de Be-

(*) Allusion à la trahison de Judas, qui a vendu Jesus-Christ pour trentetrois pièces.

(**) Cette Carte à été enlevée, on ne sait comment, en 1784.

nincasa est la première qui ait les degrés de latitude, mais il y a erreur dans les nombres à une certaine hauteur à cause d'une répétition, qui se contrarie; c'est ce qui me feroit soupçonner que ce pourroit être quelque moine ignorant, qui les auroit ajouté postérieurement. De telle manière que fut la carte des frères Zen, les degrés n'y manquent point, d'où je conclus que les Vénitiens ont sû faire usage en mer de l'Astrolabe & prendre les hauteurs du Pôle soit par le soleil, soit par les étoiles.

Cela ne doit pas paroître étrange ni incroiable, puis que je peux démontrer, que les mathématiques & le calcul trigonométrique n'étoit point un sécret pour eux, comme on l'a crû jusqu'à présent, sur la supposition que la science des mathématiques étoit tout à fait inconnue dans les siècles de barbarie dont nous venons de parler. Ce n'étoit pas neanmoins une chose tout-à-fait commune; & je suis bien loin de faire de nos anciens, de grands pilotes & de fameux mathématiciens; mais je dirai qu'il y a toujours eu, sur tout parmi les patriciens, des navigateurs expérimentés, qui possédoient l'art de la navigation par théorie &

dans la pratique. Tels furent les Zen & les Querini, qui parcoururent les mers du Nord, ainsi que les Cadamosto & beaucoup d'autres, dont les noms & les entreprises ne sont point parvenues jusqu'à nous.

Cette science étoit certainement bien connue, puis que sur toutes les cartes, où étoient décrits les ports de mer, on y trouvoit des prolégomènes, dans les quels on expliquoit & on donnoit la solution de problêmes de nautique suivant la théorie déjà établie. Une pareille théorie n'étoit possédé profondement, que par les plus studieux & les plus savants Capitaines. L'autre portion de gens de mer n'en possédoit que la pratique pour l'usage & la directoin des quels la science de la navigation étoit reduite à quelques principes simples, qui suffisoient au génie même le plus borné, pourvû qu'il sût multiplier & diviser, il pouvoit alors résoudre tous les problêmes de la Navigation.

Tout l'art consistoit dans une série très peu étendues de nombres trigonométriques, qui indiquoient les sinus & cosinus, & les tangentes des angles formés par les huit rumbs, ou quart des vents, par les quels on peut navi-

guer. Ces nombres disposés sur une tablette &
rangés dans des petites cases sur différentes colonnes, se mettoient sur les anciéns Portulan, comme on le voit dans la table ci jointe,
(*Vid. Pl. I. num.* 2.) pour le plus souvent on
y ajoutoit une courte explication de son usage,
mais sans entrer dans de grands détails sur les
principes. C'est ce que nos ancêtres appelloient *la raxon del Martolojo*, ou bien règle
pour calculer de mémoire les voyages sur mer.

Ce mot *Martelojo* démontre au premier coup
d'œil son origine grecque; mais pour moi quoique
je possède peu cette langue, je n'ai pas voulu me
fatiguer a en trouver l'origine, c'est pourquoi
je me suis adressé à Mr. l'Abbé Morelli,
dont je vais rapporter ici l'opinion d'après ses
paroles.

„ Il me paroit, dit-il, que ce mot vénitien
„ *Martelojo*, qui est emploié dans les cartes
„ nautiques d'André Bianco, ou *Martolojo*, com-
„ me on peut le voir dans le livre publié par
„ le Professeur Toaldo, est tiré du grec, ainsi
„ que beaucoup d'autres mots vénitiens, que
„ l'on sait venir de la même langue; la ter-
„ minaison de ce mot le fait encore connoî-

„ tre, c'est ce qui me fait conjecturer qu'il
„ vient, quoique d'une manière corrompue du
„ mot grec ὁ μαρπωλογίας, *homartologium*, com-
„ me si on disoit traité, ou discours qui ac-
„ compagne &c. du verbe ὁ μαρπέω, *sequor* qui
„ est employé aussi par Homère pour signifier,
„ (*Vid. lib. Iliade* 10. *v.* 38.) & dans Hesiode
„ (*Vid. lib.* 1.) d'ailleurs le mot Λόγος, signi-
„ fie clairement traité, discours, ou chose sem-
„ blable. Etant ici question d'un écrit, qui
„ sert de guide pour la navigation & qui en-
„ seigne la manière de le faire de mémoire,
„ ou par chiffre, je ne vois pas d'autre signi-
„ fication à donner à ce mot. "

Il ne me paroit pas trop raisonnable de croire, que ce mot dérive du vénitien & du grec
à la fois, comme le soupçonne le Professeur
Toaldo, parceque cet assemblage est étranger
dans la langue vénitienne. D'ailleurs le texte
de la régle même semble indiquer, que le mot
Martelojo signifie expressement discours fait de
mémoire & chacun pourra en juger par le
texte de l'explication, qu'en donne Bianco lui
même en langage vénitien, comme il suit.

„ Questo si xe lo ammaistramento de na-
„ vegar per la raxon de martelojo. come appar
„ per questo tondo, e quadro e per la toleta
„ per la qual podemo saver chose. come xe
„ la toleta a mente, e saver andar per ogna
„ parte de mondo senca mexura e senca sesto
„ choncosiache alguna persona che vora far
„ questa raxon eli a luogo a saver ben molti-
„ plicar, e ben partir. ammaistramento del
„ mar sie per saver ben navegar e si se vuol
„ saver la suma de martelojo per quanto se
„ avanca per una quarta de vento e quanto se
„ alarga chosi per una quarta e per do e per
„ tre e per quattro, e se algun te domandase
„ per queste sume. se pol far tutte raxon de
„ navegar conchosiache nui non podemo saver
„ la raxon chosi a ponto. ma nui se achoste-
„ remo ben a la veritade. anchora te voio mo-
„ strar per total muodo foxe una nave, che
„ vol andar per ponente, e non de puol andar
„ e si va quarta una de soto inver al garbin
„ mia cento, e alargase mia vinti dal ponente.
„ e avanca novanta oto. e per do quarte. se
„ alarga mia trenta oto. e avanca mia nonanta
„ do per tre quarte se alarga mia cinquanta

„ cinque, e avanca mia otahta tre per quatro
„ quarte se alarga mia setanta un e avanca mia
„ setanta un per cinque quarte e alargo. mia
„ otanta tre, e avancò mia cinquanta cinque
„ per sie quarte. e alargo mia nonanta do. e
„ avanco mia trenta oto per sete quarte o alar-
„ go mia nonanta oto. e avanco mia vinti per
„ oto quarte e alargo mia cento. e avanco mia
„ nesun. e pero xe lo retorno. lo qual xe
„ schritto in la toleta de martelojo. chomo.
„ apar per le sue chaxelle a le sue righe. ”

Traduction Litterale.

C'est l'instruction pour naviguer suivant la
régle de Martelojo comme on le voit par ce
cercle, le quarré & par la tablette, avec la
quelle on peut savoir plusieurs choses. Comme
seroit une tablette dans la mémoire, & pour
savoir aller dans toutes les parties du monde
sans régle, ni compas. Toutefois si quelqu'un
veut faire usage de cetre régle, il doit auparavant bien savoir multiplier & diviser. Cette instruction au sujet de la mer est faite pour apprendre à bien naviguer & si on veut trouver

le résultat par la régle du martelojo & savoir combien on avance & on s'éloigne par un quart de vent, par deux quarts, par trois quarts & enfin par quatre quarts, & si quelqu'un demandoit si avec cette régle on peut trouver toutes les manières de naviguer quoique nous ne puissions pas en savoir au juste la raison nous nous approcherons cependant autant qu'il sera possible de la verité. Je veux encore vous demander, pourquoi un vaisseau, qui veut diriger sa course vers le ponent ne peut pas y aller, mais va par un quart de vent au dessous à cent milles vers le vent du Sud-Ouest & s'éloigne à vingt milles du ponent; & avance quatre vingt dix huit: par deux quarts il s'éloigne de trente milles; & avance de quatre vingt douze: par trois quarts il s'éloigne de cinquante cinq milles; & s'avance de quatre vingt trois: par quatre quarts il s'éloigne de soixante & onze; & s'avance de soixante & onze: par cinq quarts il s'éloigne de quatre vingt trois; & s'avance de cinquante cinq: par six quarts il s'éloigne de quatre vingt douze; & s'avance de trente huit: par sept quarts il s'éloigne de quatre vingt dix huit; & s'avance de vingt: par

huit

huit quarts il s'éloigne de cent, sans s'avancer; & cependant c'est le retour tel qu'on le voit décrit sur la tablette de Martelojo dans les lignes & les cases qui y sont tracées.

TABLETTE.

alargar.	avancar.	avancar.		de retorno.
p. una quarta	20	98	p. 1 quarta	51	50
p. do quarte	38	92	q. 2 quarte	26	24
p. tre quarte	55	83	p. 3 quarte	18	15
p. quatro q.	71	71	p. 4 quarte	14	10
p. cinque q.	83	55	p. 5 quarte	12	$6\frac{1}{2}$
p. sie quarte	92	38	p. 6 quarte	11	4
p. sette q.	98	20	p. 7 quarte	$10\frac{1}{5}$	$1\frac{9}{10}$
p. oto quarte	100	000	p. 8 quarte	0	

Cette instruction pour calculer est répété plus bas dans la même carte de Bianco, mais elle est réduite en manière de table de sorte que les noms paroissent rangés plus clairement

D

& sous un coup d'œil comme on péut en juger ici.

Suma de Martelojo p. intender.	avancar de retorno de Martelojo.
p. una q. de vento alargo.	
mia 20 e avanco 98	p' 1 q. sic. 51 avanco 50
p. 2 q. 38 e avanco. 92	p. 2 q. sic. 26 ,avanco 14
p. 3 q. 55 avanco. 83	p. 3 q. sic. 18 avanco 15
p 4 q. 71 avanco. 71	p. 4 q. sic. 14 avanco 10
p. 5 .q. 83 avanco. 55	p. 5 q. sic. 12 avanco $6\frac{1}{2}$
p. 6 q. 92 avanco. 38	p. 6 q. sic. 11 avanco 4
p. 7 q. 98 avanco. 20	p. 7 q. sic. $10\frac{1}{5}$ avanco $1\frac{9}{10}$
p. 8 q. 100 avanco. 000	p. 8 q. sic. 000 avanco 000

La doctrine & la régle de *Martelojo* étoit
donc un abrégé de l'art de la Navigation de
ces tems-là, réduit à la plus grande simplicité pour s'en servir de mémoire, il devoit en résulter une très grande utilité pour la
Navigation. Tout marinier même d'un génie
borné pouvoit apprendre avec un petit nombre

de chiffres les régles nécessaires pour résoudre tous les problêmes de pilotage.

La régle de *Martelojo* des anciens Vénitiens étoit donc divisée en quatre parties, la première s'appelloit *alargare*; la seconde *avanzare*; la troisième *ritorno*; la quatriàme *avanzo di ritorno*; aux quelles répondoient les quatre colonnes de la première tablette. (*Vid. Pl. I. num. 2.*)

Ces nombres s'appeloient *cose* par l'Auteur, c'est-à-dire, racines, nos anciens les appelloient également *cose*. Le Professeur Toaldo avoue lui-même, qu'il s'est alambiqué l'esprit (pour se servir de son expression) pendant plusieurs jours, avant que de comprendre ce que pouvoient être ces chiffres & quel étoit leur usage. Mais je peux dire avoir été en cela plus heureux que lui, puis qu'au premier coup d'œil je reconnûs que c'étoient des nombres radicaux & qu'ils devoient servir à faire de mémoire la régle de trois. J'en fis part aussi-tôt à Mr. l'Abbé Morelli, lorsqu'il me remit entre les mains le Portulan de Bianco. Ce mot de *cose* me fit aussi-tôt connoître, qu'il étoit question de racines, ce qui me fit très promtement découvrir à quel usage pouvoient être emploiés ces nom-

bres, qui paroissoient à tout autre, cabalisti-
ques & mystérieux. M'étant mis ensuite à examiner partie par partie les figures de la table
& les autres explications écrites au dessous, je
compris aisement, que la première étoit destinée à faire avec le compas la réglé de trois,
de la même manière qu'on pouvoit le faire de
mémoire avec les nombres propres à cet objet
sans avoir besoin de compas, de régle, ni de
carte. J'ai vû que l'échelle qui servoit à mesurer la base, ou le côté donné des angles, étoit
divisé par cent, ce qui devenoit absolument
nécessaire, lorsqu'on vouloit avec facilité multiplier & diviser de mémoire. La propriété du
zéro étant connue: en l'ajoutant il multiplie la
quantité de dix fois sa valeur; & en le rentran-
chant il la diminue d'autant. La nécessité de
faire ces calculs de mémoire engagea les anciens pilotes à diviser l'échelle de leur carte en
parties décimales. Cet usage étoit alors si uni-
versel, que j'ai trouvé toutes les cartes marines
divisées de cette façon.

C'est par cette raison, que je crois, que
Zanetti se trompe, lorsqu'il pense que les con-
tours de la carte, qu'il a vû dans la Bibliothè-

que de Parme étoient des degrés de latitude. Ils servoient tout simplement d'échelle pour les milles; mais d'échelle universelle, c'est ce qui fait, qu'elle n'est point determinée par des chiffres. La même chose peut s'observer dans la carte de Bianco, ainsi que beaucoup d'autres manuscrites, qu'il n'est pas râre de trouver encore à Venise.

Ces échelles étoient divisées en dix lignes & chaque partie pouvoit équivaloir à dix, ou à cent, suivant le besoin du calcul; par leur moyen on trouvoit au compas la valeur des côtés de chaque triangles, dont le résultat étoit ensuite exprimé d'une manière arithmétique pour en faciliter le calcul, & le rendre plus utile & plus promt.

Dans là (*Pl. I. num.* 4.) on voit une petite échelle sur le quadre de la petite figure, que j'appellerai échelle de réduction divisée en quatre parties, deux des quelles sont alternativement divisées en cinq lignes équivalantes chacune à dix portions indéterminées, au dessous les nombres cinquante y sont inscrits deux fois, de manière que toute l'échelle contient deux cent parties égales indéterminées. Chacun des

petits quadres tracés dans le grand contiennent cent
parties de l'échelle, de manière que la division
totale du grand quadre est de huit, ou huit
cent portions égales.

Il faut observer, que l'Auteur suppose chaque petit quadre valoir vingt milles ; & par
conséquent le grand quadre vaudra cent soixante milles, ce qui devient très utile pour avoir
une autre division des milles en partie décimales, déterminant ainsi jusqu'à deux dixièmes de
milles.

Il est donc clair, que cette figure que l'Auteur appelle cercle & quarré tout à la fois,
divisée & subdivisée en tant de parties, & cou-
pée par tant de lignes, équivaloit chez les anciens à notre quadre moderne de réduction par
le secours du quel & avec le compas *sesto* &
la régle *mexura*, il faisoient comme à présent
la régle de trois avec une très grande facilité,
c'est ainsi qu'on trouvoit la solution de tous
les problêmes de la navigation. C'est une chose
connue, que l'on peut faire l'extraction des racines *cose* & que l'on trouve les sinus des angles avec la régle de trois. C'est de là que les
anciens Vénitiens avoient coûtume de décrire

dans les Portulans la figure, que nous venons de citer; la théorie en est fondée sur la seconde proposition d'Euclide, qui certainement ne pouvoit être ignorée de nos anciens.

A proprement parler, la manière de se servir du rayon divisé en décimales n'est pas directement emploiée dans toute cette régle & dans tous ses calculs. Ici on ne traite que des côtés du triangle sans déterminer le quel doit servir de rayon, ce qui importoit peu à savoir aux mariniers, qui laisssoient aux astronomes ces noms, qui leurs étoient étrangers. Mais comme chacun des côtés d'un triangle peut se prendre pour le rayon d'un cercle, ces côtés divisés en partie décimales contiennent réellement les fondemens de l'invention attribuée jusqu'alors à *Regiomontano*, qui appliqua à l'Astronomie les connoissances de nos anciens.

Chacun sait que l'Arithmétique est une Geométrie exprimée en nombres & que sans elle la Trigonométrie ne seroit d'aucun usage. Les anciens Vénitiens reconnurent, que cette science pouvoit être emploiée à mesurer la superficie de la mer, comme celle de la terre. Ils comprirent que les espaces parcourus sur le flui-

de par un vaisseau, pouvoient êtres calculés par
le moien de la Trigonométrie toutes les fois
que cette superficie fluide pût se répresenter sur
un plan, où les lignes des vents, qui chassent
les vaisseaux, fussent exactement décrits; atten-
du que les angles formés par le concours de
telle ou telle ligne tirée comme du centre d'un
cercle avec la mesure du voyage calculé par la
barchetta (ou loch) fournissent les données
pour calculer les autres côtés & reconnaitre ensuite par un enchainement de triangles, tous
les autres espaces parcourus, ou à parcourir.
Lés élémens de la Géometrie suffisoient pour
tout cela, moiennant un compas, une régle &
une échelle de parties égales; mais sur mer,
où l'on ne peut se tenir facilement à une table,
ces opérations étoient trop longues & trop en-
nuieuses; c'est par cette raison, qu'ils pense-
rent, au moien de trouver les côtés inconnues, avec l'Arithmétique simple. Il étoit naturel & facile d'avoir cette idée, puisque
par le moien de l'extraction des racines,
qu'on obtient avec la régle de trois, on trouvoit aisément tous les côtés correspondans
aux huit angles formés par les huit quarts,

ou rumbs des vents, que nous appellons sinus.

Pour démotnrer combien étoit facile cette invention, suivons pas à pas la manière de calculer, dont nos ancêtres ont dû se servir pour y parvénir.

On connoissoit déjà du tems de Pithagore, que le quarré de l'Hipoténuse équivaloit à la somme des quarrés des deux côtés d'un triangle rectangle ; que l'angle droit est de quatre vingt dix dégrés, dont la moitié est par conséquent de quarante cinq. Or dans un pareil triangle de côtés égaux, le quarré de l'Hipoténuse opposée au dit angle étant connû, les deux quarré des côtés opposés aux angles demi-droits le seront bien-tôt, chacun des quels se trouve égal à la moitié du quarré du grand côté. Extraiant la racine quarrée des deux petits, le nombre qui en résultera sera la mesure des petits côtés, qui y correspondent. Quoique cette démonstration soit tout-à-fait élémentaire, ils est à propos d'en faire ici une démonstration claire & précise pour mettre tout lecteur en état de me suivre.

Soit le triangle rectangle A B C (*Vid. Pl. II.*

fig. 1.) inscrit dans un quart de cercle B F C divisé en deux parties égales F C -- F B, l'angle A est de quatre vingt dix dégrés, les angles B C sont de quarante cinq dégrés, par conséquent les deux côtés A B & A C sont égaux, le quarré de l'Hipothénuse B C sera égal à la somme des deux quarrés A B & A C; ainsi la moitié du quarré de l'Hipothénuse sera égale aux quarrés d'un des petits côtés. Si on extrait la racine quarré de cette moitié du quarré de l'Hipothénuse, le résultat sera la mesure de chacun des deux petits côtés. Les angles demi-droits sont de quarante cinq dégrés, chaque quart de vent équivaut à onze dégrés & un quart, l'angle de quarante cinq dégrés correspondra à quatre quarts de vent. Si l'on considère ensuite que l'Hipothénuse A B du triangle A G B est divisée en cent parties égales; son quarré sera mille & la moitié cinq cent, dont extraiant la racine quarré on aura soixante & onze environ, qui expriment la mesure des côtés B G & A G; ensuite aiant trouvé la valeur du côté opposé à l'angle de quarante cinq dégrés, ou bien de quatre quarts de vent, on trouvera de même celle des côtés

opposés aux angles de 11.° $\frac{1}{4}$, 22.° $\frac{1}{2}$, 23.° $\frac{3}{4}$,
56.° $\frac{1}{4}$, 67.° $\frac{1}{2}$, 78.° $\frac{3}{4}$ & 90.° c'est-à-dire
d'un quart, de deux quarts, de trois quarts,
de quatre, de cinq, de six, de sept & de huit
quarts.

Quiconque sait les élémens de la trigono‑
métrie pourra comprendre la grande facilité de
ce calcul.

A l'arc I C (*Vid. Pl. II. fig. 2.*) que l'on
tire une corde I C sur la quelle tombe per‑
pendiculairement la ligne droite A L qui cou‑
pera l'arc & la corde ensemble en deux parties
égales, alors I O est le sinus de l'arc L I moi‑
tié de l'arc I L C.

Du sinus C F on déduit le sinus de com‑
plément C Q ou F A soustraiant celui-ci du
sinus total A I. On connoît la ligne F I &
la somme des quarrés I F & C F étant con‑
nue, ou ce qui est la même chose, celle du
quarré I C, dont extraiant la racine quarré il
en résulte la mesure de I C, dont la moitié
sera le sinus I O qu'on cherche.

Mais les sinus & cosinus étant égaux dans
un angle de quarante cinq dégrés & soustra‑
iant l'un ou l'autre du sinus total, on connoî‑

tra l'excédent de l'Hipothénuse sur les côtés, c'est-à-dire la ligne F G (*Vid. Pl. I. fig. 1.*). On connait également la ligne, ou le côté C G, ou G B & par conséquent la somme de leur quarré, la quelle correspond au quarré de la corde d'un arc de quarante cinq dégrés B C (*fig. 1.*) Ensuite la moitié de la corde est le sinus de la moitié du même arc: ainsi en extraiant la racine quarrée de la corde E C; & la moitié de la dite racine on aura le sinus de l'angle de 22 dégrés & demi qui est la moitié de quarante cinq dégrés, en opérant ainsi on aura le sinus de l'angle, ou de l'arc de onze dégrés & demi ; & c'est de cette manière, qu'on trouvera facilement les racines des côtés correspondans à un quart de vent, à deux & à quatre &c. On trouve ensuite avec la même facilité les côtés, ou sinus des angles de 67.° $\frac{1}{2}$, de 88° $\frac{3}{4}$, suffisant de trouver les complémens des sinus donnés. Toute personne à peine initiée dans la trigonométrie, sait combien cela est facile, puisqu'il ne faut que soustraire du sinus total le quarré du sinus donné pour avoir le quarré du sinus de complément. De ce sinus de complément soixante sept dégrés & demi, ou bien six quarts, on déduit le sinus de trois quarts, ou bien trente trois dégrés trois quarts par la méthode, que l'on vient d'exposer, il en résulte de nouveau le complément, ou cosinus de cinquante six dé‐ grés & un quart; donc la propriété de l'Hipo‐ thénuse seule étant connue par le sinus de qua‐ rante cinq dégrés, on trouvera très facilement les sinus des sept quarts de vent, ceux de huit quarts l'étant déjà par eux mêmes.

La tablette suivante mettra cette doctrine au grand jour & enseignera la manière de trouver les huits côtés cherchés.

| G   M | G   M | G   M | G   M |
O L	O L	O L	O L
90 0	45 0		
moitié.		22 30	11 15
complem.		67 30	78 45
moitié.		33 45	
complem.		56 15	

On aura encore plus facilement les mêmes résultats, si on les cherche exactement avec la régle & le compas dans la figure tracée sur la carte de **Bianco** (*Vid Pl. I. num.* 2.) on trouvera que les nombres 20, 38, 55, 71, 83, 92, 98, 100 correspondent aux sinus des $\frac{8}{4}$ ou rumbs des vents, aux quels répondent dans les tables, les nombres avec les fractions décimales des sinus de 11.^{b} $\frac{1}{4}$, 22.° $\frac{1}{2}$, 33.° $\frac{3}{4}$, 45.° 56.° $\frac{1}{4}$, 67.° $\frac{1}{2}$, 78.° $\frac{3}{4}$, 90.°, en calculant selon l'usage les fractions qui excédent la moitié de l'unité & négligeant celles qui sont au dessous.

En trouvant de cette façon les sinus, ou ce qui est la même chose un des petits côtés du triangle; les cosinus alors, ou sinus de complément en résulteront avec la même facilité puis que du quarré du rayon, ou sinus total, retranchant le quarré du sinus trouvé, on a le quarré du cosinus, dont on extrait ensuite la racine quarré pour en avoir la mesure. Ce sont toutes des opérations les plus faciles & les plus simples de la trigonométrie.

A mon avis nos anciens étoient très versés dans l'arithmétique, qui n'est autre chose qu'une géométrie exprimée en nombres, elle a pu leur servir à trouver les sinus & cosinus des rumbs des vents, ce qui s'obtient comme nous l'avons vû par la seule extraction des racines, en admettant pour base le théorême de l'Hipothénuse dont le quarré est égal à la somme des quarrés des deux petits côtés d'un triangle retangle. Il nous reste maintenant à examiner quel usage les anciens navigateurs Vénitiens en faisoient; & comment ils trouvoient la solution des problêmes de la navigation par le moien de cette invention.

Le *Martelojo*, ou régle pour la navigation des anciens Vénitiens, étoit composé de quatre parties, la première s'appelloit *alargar*, la seconde *avanzar*; la troisième *retorno*, la quatrième *avanzo de retorno*. Les sinus & cosinus trouvés & exprimés avec les radicales dont on a parlé précédemment servoient seulement pour la pratique dans les deux premières parties. Les deux autres sont fondées sur des théories plus compliquées, dont je traiterai après avoir démontré l'usage des deux premières parties de cet art ancien de la Navigation, qui est d'autant plus admirable, qu'il est simple.

Les anciens navigateurs, qui ne faisoient point usage des dégrés de latitudes & encore moins de ceux de longitudes, dans les calculs de leurs voyages, ne connoissoient d'autre division de ces parties, que celle des milles. Ils supposoient toujours l'Hipothénuse, ou le rayon divisé en cent milles; c'est pourquoi les racines exprimoient seulement des milles. Cela posé voici comment ils procédoient dans leurs calculs. Dans un triangle rectangle correspondant à tel rumb, ou quart de vent que ce soit, ils prenoient pour la ligne du vent l'Hipothénuse A C (*Vid. Pl. II. fig.* 1.) la quelle étant connue pour le moien de la *barchetta* (ou loch), qui est la manière de mesurer le voyage, avec la proportion des racines correspondantes aux sinus & cosinus. Ils connoissoient alors les petits côtés A B & A C du triangle A B C; ainsi un bâtiment partant du point C & poussé par la force du vent dans la direction de C A, il s'éloigne continuellement de la ligne horizontale B C; & avance en même tems vers la ligne A B; alors les Anciens appelloient *avanzare* la portion parcourue de la ligne horizontale B C & *alargare* la portion parcourue de la ligne A B.

Prendre

Prendre le large, ou *alargare* n'étoit donc suivant eux que s'éloigner de la ligne du vent, ou bien de la direction du but de leur voyage; & avancer, ou *avancar* étoit le voyage fait, réduit au chemin le plus droit, comme le fait connoître suffisam nent le texte même de Bianco.

„ Ancora te vojo mostrar per total muodo
„ foxe una nave, che vuol andar per ponente,
„ e non de puol andar, e si va quarta una de
„ soto in ver el garbin mia cento, e alargase
„ mia venti dal ponente, & anca nonanta oto,
„ &c. ”

Mais pour s'exprimer en notre langage & suivant notre manière, on suppose qu'un bâtiment veuille parcourir la ligne du ponent C B fig. 1. Le vent contraire ne lui permettant point de le faire directement, il le pousse par la ligne C·A jusqu'en A par cent milles, ce qui forme avec la ligne C B un angle de onze dégrés un quart, ou un quart de vent. Je dis que le bâtiment arrivé en A se sera éloigné de vingt milles environ du ponent & de quatre vingt dix huit milles du point C en ligne directe.

Mais il peut arriver quelquefois, que dans

E

l'autre triaugle ou ne connoisse que les côtés
B C & A B, (*Vid. Pl. II. fig.* 1.) par le
moyen des quelles on veut connoître & mesurer la ligne diagonale A C. Posons pour exemple que notre point soit distant de cent milles
du ponent & que l'on voulut avancer jusqu'à
ce que le même point resta vers le Nord-Ouest.
Il est clair qu'en navigant par le *Sud-Ouest* le
bâtiment s'éloigne de deux quarts de vent du
ponent faisant avec lui un angle de vingt deux
dégrés & demi, pour former le triangle on a
la base de cent milles, qui est la distance du
point C vers le quel on tends. On a pareillement le sinus de quarante cinq dégrés, qui doit
former le point C avec la ligne du ponent, on
a le sinus de cet angle moyennant la pràtique
dont il est parlé précédemment, si le bâtiment
marche vers le midi, il est clair qu'il auroit
parcouru cent milles. Le point C se trouveroit
vers le vent Nord-Ouest, puisque les lignes du
ponent & du midi faisant un angle droit, dont
les côtés sont égaux, les angles plus petits
cherchés dans le problême seroient alors égaux
& demi droits, c'est-à-dire de quarante cinq
dégrés; mais le bâtiment parcourant la ligne

du Sud-Ouest, qui forme un angle de vingt deux dégrés & demi; & l'autre angle formé en C devant être de quarante cinq dégrés, c'est-à-dire de quatre quarts comme il a été dit, il en résulte deux angles aigûs, par conséquent le triangle ne peut se former, qu'avec un autre angle obtus dont la somme sert de complément aux cent quatre vingt dégrés dont est composé toute espèce de triangle.

Ainsi pour calculer les côtés de ce triangle à l'angle oblique, les racines ne suffisent pas; leur usage qui à été précédemment démontré étant insuffisant pour la solution du problême. Il convenoit cependant de se servir d'une autre manière de procéder; & c'est celle qui forme la troisième & quatrième partie du *Martelojo* des anciens Vénitiens.

La première de ces deux parties s'appelloit *ritorno*, parceque dans le calcul des angles obtus on revenoit à supposer les portions des vents après être arrivé au quatre vingt dixième dégrés & au zéro, comme il est dit dans le texte même, *per oto quarte, e alargo mia cento, e avanco mia nesun, e pero xe lo retorno.*

La série des racines, qui correspondent à cet-

E

te troisième partie se trouve précisément être celle des sécantes, mais disposées dans un ordre inverse.

Mais pourquoi se servir plutôt des sécantes, que des sinus, & pourquoi dans un ordre renversé? La raison en est claire & facile. Les cosécantes sont en raison inverse des sinus; & pour réduire le tout à une clarté telle que chacun puisse en connoître l'évidence, on pourra voir la figure quatre, (*Vid. Pl. II. fig. 4*) où le petit triangle *a b c* est inscrit dans une portion du quarré, la sécante D E forme un grand triangle avec la cotangeante E F & la rayon F D.

Ces trois triangles aiant un côté commun D F & *a b* seront proportionels, c'est-à-dire le cosinus *b f*, le rayon *b c* & la sécante D E; ensuite en divisant le quarré du rayon ou sinus total *a b* par le cosinus *b f*, le quotient donnera la mesure de la sécante D E. En supposant cependant què le rayon D G de cent milles soit connû, dont le quarré est dix milles le cosinus *b f* étant aussi connus par la méthode ci-dessus énoncé & par la série des racines, & s'en servant pour diviser le rayon, on

aura environ cent quarante deux, ce sera alors
la mesure de la sécante D E. Si l'angle est
de quarante cinq dégrés, ce sera la mesure de
la cosécante E F. Ensuite si l'on veut calculer
directement la cosécante, lors même que les
angles ne sont pas demi-droits, il suffira de se
servir du sinus pour le calcul, dont le résultat
donnera juste la cosécante.

Par cette même méthode on trouvera les cosécantes de tous les autres quarts de vent. Mais
comme il se seroit trouvé trop de trois chiffres
pour faire ce calcul de mémoire, les auteurs
anciens de cette régle se servirent de l'expé-
dient de retrancher le dernier chiffre par la division décimale réduisant ainsi à 14 le nombre
trouvé 142.

En revenant donc à notre problême on voudroit savoir combien de milles doit faire un
vaisseau, qui navigueroit par le Sud-Ouest &
qui a son point de départ vers le Nord-Ouest,
qui le tient éloigné de cent milles du ponent.
Le vent fait avec le ponent un angle de vingt-
deux dégrés un douzième, ou deux quarts de
vent. Le vent Nord-Ouest fait avec le ponent
un angle demi-droit de quatre quarts de vent.

Donc l'angle obtus d'un pareil triangle doit être de quatre sixième, dont la cosécante sera environ cent dix. Dans le triangle donné à l'angle obtus, le côté opposé au grand angle de quatre quarts de vent exprimé dans la racine soixante & onze est connû. J'ai donc trois donnés, savoir (*Pl. II. fig.* 4.) le rayon *a b*, le sinus *a c* & la cosécante E F, ou bien 100 71 110, je divise le plus grand nombre par dix, ce qui donne 11 & faisant avec eux la régle de trois, j'ai sept cent quatre vingt un, que je divise par dix, cela donne soixante & dix huit un dixième, qui sont les milles que doit parcourir un bâtiment, qui naviguant par le Sud-Ouest, a son point de départ vers le Nord-Ouest, qui le tient éloigné de cent milles du ponent. La régle se pose ainsi, $\frac{100}{10}$ me donnent $\frac{110}{10}$, combien me donnera 71, c'est la même chose de dire 100, ou le rayon D G est à la cosécante D E; 110 de même que 71, qui est le sinus *a c*, est à l'inconnû. Le produit des deux moyens 7810 étant connu, & ce produit étant égal au produit des deux extrêmes, 7810 sera la mesure de la ligne cherchée. Mais en divisant par 10 la cosécante 110

pour rendre la chose plus facile, comme on l'a
déjà dit, restent 781, qui doit être divisé de
nouveau par 10 pour égaler la puissance du
troisième terme, ce qui donnera $78\frac{1}{10}$, la quatrième partie de la régle du Martelojo appellée
avanco de retorno n'est autre chose que la série
des tangentes parcequ'alors, quand le vaisseau
s'avance par la ligne D E comme sécante, un
côté du triangle devient rayon, & l'autre tangente, ce qui est facile à trouver à cause de la
communauté des angles. Pour démontrer l'usage qu'en faisoient nos anciens pilotes, je rap-
porterai ici le texte du livre publié par Mr.
Toaldo.

„ E questa rason del Martelojo si è la se-
„ conda chiamata *archizar*, o voltizar, della
„ qual rason sarai dichiarado qui ayanti. E pri-
„ mo: la mia via si è per levante, e non pos-
„ so andar per vento contrario, vago alla vol-
„ ta de sirocco mia 100, mo vojo tuor l'altra
„ volta del griego, e domando quanti mia vojo
„ vegnir per griego ch'io sia alla mia croze. ”

„ E nui diremo che se l'allargar de quarte
„ quattro sono $\frac{71}{10}$, e lo ritorno de qurate quat-
„ tro sono 14, saranno $\frac{73}{10}$; e questi moltipli-

E 4

„ cadi 71 via 14 fanno 994, e questi partidi
„ per 10 insiranno mia 99 $\frac{4}{10}$, $\frac{2}{5}$ e tanti mia
„ vorastu vegnir per griego, che sarai alla tua
„ croze. E per saver zo che averemo avanzado
„ nui diremo cussi, che se *l'alargar* de quarte
„ quattro sono $\frac{71}{10}$, e *l'avanzo de retorno* de
„ quarte quattro sono 10, staranno così $\frac{71}{10} : \frac{10}{1}$
„ questi multiplicadi 71 via 10 fanno 710, e
„ questi partidi per 10 insiranno 71, e però
„ nui diremo che se l'avanzo de largar de quar-
„ te quattro sono 71, e questi azonti sopra 71
„ saranno 142, e tanti mia averastu avanzado,
„ e sarai alla to croze. ”

TRADUCTION LITTERALE.

„ Cette régle de Martélojo est la seconde
„ appellé *archizar* ou *voltizar*, c'est-à-dire re-
„ virer de bord, dont il sera parlé plus loin.
„ Premièrement mon chemin est par le levant,
„ je ne peux aller par un vent contraire. Je
„ vais alors 100 milles par un vent de siroc.
„ Or je veux prendre par le Nord-Est, je
„ demande combien de milles il me faut par ce
„ vent pour revenir à ma croisière.

„ Nous dirons, si l'action de prendre le lar-
„ ge de quatre quart de vent est de $\frac{71}{10}$ & le
„ retour de quatre quart de 14, cela fera
„ $\frac{71}{10}$: $\frac{14}{1}$ alors 71 multiplié par 14 donnera 99
„ milles $\frac{4}{10}$ ou $\frac{2}{5}$ & autant de milles il te fau-
„ dra pour venir à ta croisière par le Nord-Est.

„ Et pour prouver ce que nous avançons,
„ nous dirons que si l'*alargar* (ou tirer au lar-
„ ge) de quatre quarts est $\frac{71}{10}$ & l'*avanzo de*
„ *retorno* (ou retour) de quatre quart de 10;
„ ils seront aussi exprimés $\frac{71}{10}$: $\frac{10}{1}$, le quel 71
„ multiplié par 10 font 710, qui divisés par
„ 10 donneront 71; & ainsi nous dirons que
„ si l'*avanzo de largar* de quatre quarts sont
„ 71, le quel ajouté à 71 feront 142; & tu
„ auras avancé le même nombre de milles; &
„ tu seras a ta croisière.

Pour donner un exemple & mettre ce problême dans son plus grand jour: que l'on jette
les yeux sur la figure 1, où la ligne A B réprésente le vent du ponent: A C réprésente
l'espace parcourue par le vaisseau vers le Siroc,
qui est suivant le problême de 100 milles. La
ligne C B réprésente le vent grec par le quel
le vaisseau en filant vient joindre en B. La

première partie du problême n'a pas bésoin d'autre explication, puisque A C est connu &
C B aussi, le triangle étant isocelle. Reste ensuite à savoir la mesure de la ligne A B, c'est-
à-dire savoir combien le vaisseau s'est avancé
en ligne directe pour arriver en B.

Ainsi pour avoir le valeur de A B on a
beaucoup de données savoir le sinus de l'angle
A de quatre quarts; puisqu'il est du levant au
siroc. La diagonale A C qui est de 100 milles
& par conséquent le côté opposé à l'angle C.
L'angle du vent grec est pareillement connu;
& par conséquent le côté opposé B D. Si la
ligne C D se prend par rayon, ce côté D dé-
vient tangente. Les anciens appelloient ces tangentes *avanzo de retorno*; & dans la quatrième
colonne de la tablette, on en voit la série, par
tous les huit quarts de vent. La ligne D étant
de quatre quarts de vent 71; & la tangente
D B de quatre quarts 100, la proposition sera
celle-ci. Si 100 me donne 71, combien 100 me
donnera-t-il, d'où il résulte évidemment 71;
donc si le cosinus de quatre quarts A B est de
71, en y ajoutant les autres 71 de la tangente
D B ou 142, mesure de la ligne A B; il faut

ensuite noter que les cosinus sont ici appellés *avanzo de largar* & que la ligne du point de départ du vaisseau étoit appellée par les Anciens *crose* & maintenant croisière, ou croisée.

Telle étoit en abrégé la doctrine de nos Anciens sur la navigation, maintenant quand même on n'auroit aucune preuve pour démontrer que la pratique de la trigonométrie leur étoit connue bien avant *Regiomontano*, le bon sens seul le persuade suffisamment. C'est pourquoi j'en appele au tribunal de la raison & je démande à l'illustre Toaldo s'il est problable en aucune façon, qu'un Allemand de passage ait apporté aux Vénitiens cette manière de calculer & leur en ait enseigné l'usage. Les nations ne s'instruisent pas ainsi tout d'un coup; l'exemple récent de la Russie peut nous en convaincre. Les nouveaux documens rencontrent toujours des obstacles & des oppositions. Comment l'application de la trigonométrie à la navigation pourroit elle se répandre en un moment sur un nombre infini de capitaines & de pilotes jusqu'au point de dévenir commune dans tous les ports? Ne seroit-il pas, peut-être, plus raisonnable de penser, qu'un homme l'eût appris d'une nation, plutôt qu'une nation l'eût appris d'un seul homme? Ce ne sont point ici de vaines discussions, mais c'est la voix du bon sens & celle de la raison qui parlent.

Au sur-plus la quéstion est décidée par le fait. La carte de Bianco, qui est jointe ici, est certainement antérieure au tems de *Regiomontano*, elle fut tracée en 1436, comme il paroit par l'inscription, (*Vid. Pl. I.*) *Andreas Bianco de Venetiis me fecit MCCCCXXXVI.* La manière brève & confuse, avec la quélle les principes & les régles de la trignonmétrie appliquées à la navigation, sont exposés dans cette carte, prouve que cette doctrine étoit universelle parmi les pilotes de ces tems-là. Ce seroit ensuite une peine inutile que de rechercher à quelle époque précise les Venitiens commencerent à la connoître & à en faire usage. Pour moi je croirai toujours jusqu'à ce qu'on m'ait demontré le contraire, qu'ils l'ont hérité des Romains, ou plutôt des anciens Grecs.

Que l'on ne m'oppose pas que sans le secours de la boussole il ne soit pas possible de bien connoître les lignes des vents, sur les quelles toute la trigonométrie appliquée à la navigation est fondée: parçeque, après tout l'époque à la quelle on a commencé à se servir de la boussole en mer, n'est pas certaine; d'ailleurs y a-t-il quelqu'un qui ignore, que les navigateurs Grecs & les Romains ne connussent les plus petites différences des vents, aux quelles ils donnoient des noms distinêts & propres à un chacun, or s'ils les connoissoient par leurs noms suivant leurs différentes direêtions, pourquoi n'auroient-ils pas pu les décrire sur une carte? Nous savons que les Anciens avoient de grandes connoissances en géographie. Nous savons encore qu'ils avoient mesuré très exaêtement quelques distances sur mer. Du tems d'Erathostene cité par Pline & Strabon, cette partie de la Méditerranée qui est entre l'île de Rhode & Alexandrie d'Eyipte, avoit été mesurée; distance qui n'est cependant pas petite, mais qui est pourtant fort exaête. Les anciens Grecs, qui la mesurerent probablement avec le cours de quelque vaisseau, y trouverent 3250 stades, c'est-à-dire 407 milles environ. Les Romains avoient en outre mesuré plusieurs autres distances sur la superficie de la mer en prennant pour point fixe quelques promontoirs ou ports, les plus fameux de l'Afrique ou de l'Italie, comme le rapportent Strabon & Pline.

Ces distances mesurées par nos Anciens se sont trouvées justes en les confrontant avec les mesures des modernes, dont je tire deux conséquences, savoir qu'ils avoient des moyens très exacts pour les vérifier; & qu'il leur importoit beaucoup de prendre ces mesures pour l'objet de leur navigation. Il n'est donc pas naturel que des hommes qui savoient si bien tracer sur des plans la superficie de la terre, & qui étoient accoutumés à le faire, n'ayent pas aussi tracé les distances, dont ils avoient pris la mesure sur mer.

Vitruve rapporte quelle étoit la méthode, dont les Anciens se servoient pour mesurer les distances sur mer. Ils avoient coutume d'adapter sur le flanc de leurs vaisseaux certaines petites roues garnies de petites ailes, qui tournoient en plongeant leurs extrémités dans l'eau ; & le nombre des tours donnoit la mesure du voyage. Mais pour cette méthode ils devoient se servir de bâtiment à rames, parce qu'autrement l'usage des routes devenoit sujet à erreur & impraticable.

Pour ce qui est des lignes de la direction des vents, il n'est pas dit quel moyen ils avoient pour les connoître; mais ils devoient certainement en avoir un, soit qu'il fut fondé sur des connoissances astronomiques, ou sur quelque espèce de boussole.

A l'égard de nos navigateurs anciens, il semble décidé qu'ils connoissoient l'usage de la boussole, même avant l'an 1300, époque à la quelle on suppose que cette invention a été faite; la preuve en est que Sanudo, qui écrivoit vers le même tems, parle de la direction de la calamite, ou pierre d'aimant vers le Pôle Arctique, comme d'une chose tout a fait notoire & commune. " La calamita attrae il ferro, perchè in essa risiede in modo speciale la virtù del Polo Artico suo principio. "

La calamite ou pierre d'aimant attire le fer, parcequ'elle renferme d'une manière particulière les propriétés du Pôle Arctique, qui en est le principe.

Si la science de la navigation chez nos Anciens étoit fondée sur la direction de la boussole, elle auroit été trop équivoque & erronée: la boussole comme on le sait étant sujette à de grandes variations. Je ne parlerai point de celles qui sont locales, ou momentanées, & qui n'influent que peu, ou même point du tout sur la navigation. Mais seulement de ses variations constantes ou plutôt de sa déclination. Tout le monde sait que l'opinion commune est que l'aiguille aimantée se tourne toujours vers le Nord, cependant sa direction n'indique pas le vrai point du septentrion, mais un autre point qui en approche. Le Nord de la boussole n'est donc pas le Nord du monde. Et cette différence prise dans de grandes distances est bien capable de produire des erreurs de conséquence. La base de l'art de la navigation de nos ancêtres étoit donc erronée; & leur hydrographie imparfaite & inexacte? Mais rien de tout cela.

Ils savoient aussi, que la boussole déclinoit du vrai Pôle de la terre; & c'est un vrai préjugé & un préjugé des plus grands, de croire que ce fut George Hartman de Nuremberg, qui en 1538 découvrit le premier la déclinaison de la boussole, il fut à la bonne heure le premier à se servir de la boussole corrigée pour faire des quadrans solaires; mais avant lui, la

déclinaison

déclinaisou de l'aimant avoit été connue & même depuis long tems.

Daus l'histoire des voyages on y trouve l'observation faite par Christophe Colomb, de la
déclinaison de l'aiguille aimantée, dont il re-
marqua que la variation étoit plus considérable
dans ces nouvelles mers, que dans la Méditerranée. C'est ce qui le mit dans quelque embarras; & ce qui fut regardé par les Espagnols
comme un nouveau fénomène.

Mais comment corriger l'erreur de la boussole? C'est avec l'astrolabe, qui est un très-an-
cien instrument employé non seulement dans
l'astronomie, mais encore dans la navigation.
En effet nous lisons que Christophe Colomb
s'en servit dans son heureuse tentative, qui lui
fit découvrir le nouveau monde. Et avant lui
Cadamosto l'un de nos compatriotes; ne leva-t-
il pas la hauteur des plages de l'Afrique jusqu'au II. dégré; ce qui se trouve tracé dans
la carte en parchemin & manuscrite de Benincasa qui se conserve, comme je l'ai déjà dit (*),

_____

(*) Elle ne s'y trouve plus. Voyes la Note de l'Auteur pag. 41.

F

dans la Bibliothèque de St. Michel de Murano; & encore avant Cadamosto, les frères Zen
avoient pris les hauteurs des terres & des îles
arctiques qu'ils avoient découvertes, puisqu'elles
se trouvent sur la carte des mers du septentrion qu'ils ont tracé de leurs propres mains.

Mais la déclinaison de l'aimant n'est pas constante, non seulement elle va croissant pendant
une certaine période d'années, mais elle diminue
encore dans la même période; & il semble que
cet accroissement & cette diminution périodique
ait un terme fixe, qui s'étends également à droite & à gauche du Pôle. D'autant plus qu'il
est hors de doute que la boussole qui décline
maintenant près de nous de 17 dégrés environ
vers le vent Nord-Ouest, a décliné pendant un
tems, non seulement beaucoup moins, mais encore à quelques dégrés du Nord-Est. Si on pouvoit avoir depuis plusieurs siècles des observations constantes sur ce fénomène, il seroit alors
facile de déterminer le point, ou la déclinaison
de l'aiguille aimantée peut arriver, tant du côté
du Nord-Est, que vers le vent Nord-Ouest.
Mais soit que les Anciens n'eussent point eu le
génie observateur, soit que leurs observations

se trouvent perdues, ou ensevelies dans la poussière, parmi les vieilles paperasses des bibliothèques, rebutées comme inutiles par nos tipographes, nous n'avons que peu d'observations, dont je n'ai fait la découverte qu'avec grande peine.

Neanmoins, en ne s'arretant qu'à ce qui est probable & avec le secours de la vérité, je suis de l'avis, que d'adrès les données qui nous restent, on pourroit découvrir la théorie de ce fénomène curieux & inexplicable. Il est maintenant prouvé par l'expérience, que dans nos mers & dans celles qui nous avoisinent, la boussole decline de 17 dégrés environ du vent Nord-Ouest; & il semble qu'elle se maintienne constamment au même dégré depuis plusieurs années; comme il est aussi arrivé à Paris, où elle est à 20 dégrés depuis 1773; & s'y est conservée constante pendant quelques années, malgré qu'on ait découvert, depuis peu, quelque augmentation.

Les Pères Riccioli & Grimaldi observerent en 1657, que l'aiguille aimantée ne déclinoit plus du vent Nord-Ouest que d'un dégré vingt minutes. Voici deux points par le moyen des quels on peut calculer le terme des années qui

correspondent à chaque dégré de la déclinaison
de l'aimant. Cette déclinaison ayant soufferte
en 126 ans un accroissement de 15 dégrés $\frac{1}{2}$
environ, il en résulte, qu'elle s'est accrue
tous les huit ans d'un dégré. Ce qui diffère
beaucoup du calcul de Mr. De la Lande, qui
ne donne seulement que 6 ans pour chaque dégré de la déclinaison de l'aimant. J'ignore si
ce célèbre astronome a suivi dans son calcul
quelques suites d'observations, ou bien s'il y
entre de l'incertitude, comme on semble l'en-
trevoir dans son exposition du calcul astrono-
mique, où il a voulu donner une table de la
déclinaison de l'aimant dans les différens pays
du monde. Mais ces termes d'années formeroient-
ils ensuite une progression arithmétique naturelle, ou quelques autres séries & progressions
différentes? Ne seroit-il pas possible que l'aiguille aimantée fut soumise à un mouvement
accéléré, ou rétrograde? C'est précisément ce
qui je soupçonne, parcequ'en comparant l'observation de Riccioli en 1657 & celle d'Agostino
Pozzo Vénitien en 1669, elle ne se rapporte
point avec le période de 8 ans fixé par la première observation. Pozzo ayant observé à Padoue

avec tout le soin possible, la déclinaison de la boussole pendant l'année qui vient d'être indiquée, il la trouva de cinq dégrés éloignée du vent Nord-Ouest. Donc l'aiguille aimantée s'étoit avancée en 22 ans de 4 dégrés & $\frac{2}{3}$ tandis que suivant la loi de 8 ans pour chaque dégré, elle ne devoit croître que de deux dégrés & $\frac{3}{4}$. D'où il faut conclure que le mouvement de l'aimant du Nord-Est au Nord-Ouest est accéléré; & que les premiers termes de sa progression, ne doivent pas être pris dans l'ordre naturel des séries arithmétiques.

Il nous faudroit beaucoup d'autres données pour se décider à déterminer la nature d'une pareille progression; quisqu'il suffit de savoir, que depuis 1657 jusqu'en 1679 la déclinaison d'un dégré, s'est faite de deux ans plutôt. Différence qui rejette dans l'incertitude & l'équivoque.

Qu'on suppose ici pour un moment que le terme de l'aimant le plus éloigné du Pôle soit fixé, il est encore douteux si ces points sont également distants de chaque côté du Pôle; quoique ce soit très-probable, ce n'est qu'à la postérité, qu'il est réservé de lever cette incerti-

tude, si elle continue les observations. Au reste nos Anciens en connoissant cette déclinaison
de l'aimant, en connoissoient aussi l'inconstance;
mais sans s'en embarasser, parceque les différences étoient très-petites & qu'ils avoient un
moyen très-facile de la corriger, quand il leur
étoit nécessaire; ce qui se faisoit moyenant
un cercle, dans le quel, en partant du Pôle de
la boussole, où tiroit les lignes des 8 quarts
des vents.

Ces lignes en se coupant démontroient la
différence de la direction qu'il étoit convenable
de prendre pour suivre les vrais points des vents,
qui se trouvoient inexactement indiqués par la
boussole. Telle est la figure qu'on voit tracée
sur la carte de Bianco, entre la rosé des vents
& le quarré de reduction. (*Vid. Pl. I. num.* 5.)
En mesurant la distance des deux Pôles, cen-
tres des différentes lignes, on trouvoit l'aiguille éloignée de 17 dégrés du vent Nord-Ouest,
qui suivant toutes les apparences devoit être en
1436 à peu près la déclinaison de l'aimant. Si
la chose est ainsi, on peut conclure que depuis
1436 jusqu'en 1657 dans le periode de 221 ans
la boussole a fait le tour depuis le Nord-Est

jusqu'au vent Nord-Ouest ; & depuis le vent Nord-Ouest jusqu'au Nord-Est.

Supposant ensuite, jusqu'à ce qu'on ait démontré le contraire, que la déclinaison de 18 dégrés du vent Nord-Ouest fut le plus grand terme d'éloignement & qu'il en fut arrivé autant du côté du Nord-Est, la boussole aura varié pendant 221 an jusqu'en 1657 de 37 dégrés environ ; ce qui donneroit exactement un dégré par 6 ans, comme l'établit Mr. De la Lande. Et la différence sera encore peu de chose, si ou prend toutes les années écoulées depuis 1436 jusqu'à présent.

En pareil cas on auroit 53 dégrés environ de variations, qui multipliées par 6 donnent vraiment 347 ans ; mais il faut se ressouvenir, que dans de semblables calculs, on ne doit pas s'attendre à une parfaite exactitude, d'un autre côté il n'est pas hors de vraissemblance que la boussole soit stationnaire dans les deux points extrêmes ; ce qui s'accorde avec l'observation, que j'ai faite, que son mouvement se ralentit vers les deux extrêmes, mais cela ne pourra bien se déterminer qu'avec les observations futures. Il ne faut rien moins que des siècles pour s'en assurer; & une fois aiant trouvé la loi de l'abération, si vraiment elle est constante, que sait on si on ne découvrira pas en même tems la cause; & si on ne révélera pas un jour ce sécret de la nature? C'est ainsi que Kepler en cherchant des calculs & des rapports, trouva la proportion égale & constante entre les quarrés des tems périodiques de deux planèes quelconques & les cubes de leurs distances moyennes du soleil; découverte admirable qui conduisit ensuite Newton à en trouver une autre encore plus célébre, celle de l'attraction. L'esprit humain à une carrière immense à parcourir encore, de sorte que je ne me plaindrai pas comme la Bruyère, d'être arrivé trop tard, parceque tout à été dit. Je vois au contraire que je suis venu trop tôt & que je dois partir trop promtement: au reste je ne serai pas venu inutilement, si j'ai pû accroire en quelque chose la Littérature Vénitienne; & si en montrant les progrés de nos ancêtres dans l'art de la Navigation, j'ai inspiré à leurs descendants le désir de les imiter & de les surpasser.

Fin de la Première Partie.

DESCRIPTION

DE DEUX CARTES ANCIENNES

TIRÉES DE LA BIBLIOTHÈQUE

DE St. MARC À VENISE.

DESCRIPTION

DE DEUX CARTES ANCIENNES

TIRÉES DE LA BIBLIOTHÈQUE

DE St. MARC.

Avant que Gama eut osé traverser l'Ocean
& aborder aux rives de l'Inde, personne
n'avoit encore montré jusqu'à quel point les côtes de l'Afrique étoient découvertes. On se perd
à cet égard en conjectures. D'anciens fragmens
d'histoire, des traditions & des fables, plus ou
moins anciennes, débitées sur cet objet par l'im-
posture & soutenue avec hardiesse, ont épaissi
les ténèbres, qui couvrent cette partie de la
littérature. On invoqueroit envain le secours du
flambeau de la saine critique pour asseoir son

jugement, s'il ne nous reste plus aucuns documents pour comparer & pour décider. Ni la table d'Aghatodemon jointe à la géographie de Ptolomée, ni la *Peutingerienne* de Velsero rendue commune par l'impression, n'ont pû répandre aucune lumière sur ces tenèbres. Les unes & les autres, quelque puisse être leur antiquité, sortirent de mains inhabiles & furent formées par le caprice dans la seule vue de présenter sous les yeux les climats, les longitudes & les latitudes des parties du Globe connû, de marquer les routes principales, les villes les plus remarquables, les peuples, les fleuves & les provinces : c'est à quoi ils ont reussi très-imparfaitement. Il semble que les tables de Ptolomée ayent été faites exprès pour les astrologues ; & certainement si elles ne sont pas emploiées, pour tirer des horoscopes, je ne saurois à quel autre usage on pourroit les faire servir. Il n'est pas possible que de telles monstruosités aient pris naissance dans le bel âge des sciences ; elles portent sur le front l'empreinte de la barbarie. L'Italie même, la partie la plus connue de l'Empire Romain & l'Adriatique sur-tout, qui fut la mer la plus fréquentée par nos anciens

navigateurs, y sont tracées si grossièrement &
d'une manière si erronée, qu'à peine les recon-
noîtroient-on aujourdhui. De toutes les îles de
la Dalmatie, deux, ou trois au plus, s'y trouvent placées. Que l'on juge du reste. Si nous
donnons un coup d'œil sur l'Afrique, nous y
verrons que ces côtes s'étendent fort peu au de
là du Cap de Guardafui; & par de-là le détroit de Gibraltar, à peine jusqu'au Cap Nun.

Mais il ne faut pas conclure de là, que les
Anciens ne connoissoient rien de plus, sur cette partie du monde. Ils connoissoient les îles
Canaries, sous le nom des îles Fortunées, les
Azorides sous le nom des Catiterides & peut-
être celles du Cap-Verd; quoique celles-ci, ainsi que les autres côtes & îles Afriquaines, ne
se trouvent point marquées avec précision sur
de pareilles cartes.

De si grandes ommissions & de si grands dé-
fauts m'avoient fait presque douter de l'autenti-
cité de ce qu'il nous reste en cartes imprimées,
en bois & en cuivre; mais je me suis convaincu du contraire après avoir consulté deux pièces anciennes, qui se trouvent dans la Bibliothèque de St. Marc. C'est un superbe présent

fait à la République par le Cardinal Bessarion, elles sont écrites en Grec avec des caractères en or, en noir & en rouge, & richement ornées de miniatures. Ce travail cependant est également éloigné de l'élegance, comme il est de l'antiquité. La grandeur extraordinaire des feuilles de parchemin, sur les quelles ces cartes sont écrites, surpasse de beaucoup les mêmes qui sont imprimées, mais cela fait précisement connoître, qu'elles ne sont pas originales, il existe une autre carte plus ancienne de 1300, qui se trouve dans la même Bibliothèque & qui est dessinée grossièrement. Je l'ai consulté dans l'espérance d'en tirer quelque lumière, mais elle s'est trouvée en tout semblable aux autres à cela près de quelques minuties de peu de conséquence.

La table *Peutingerienne* est suffisamment connue des Savans. C'est une carte itinéraire de l'Asie & de l'Europe, qui commence du détroit de Gibraltar & finit à l'Ocean, jusqu'où parvint Alexandre le Grand. Parmi les cartes les plus anciennes il en existe encore une autre manuscrite & sur parchemin, elle à passé de Venise dans la Bibliothèque Ducale de Parme; mais ni la première, ni celle-ci, dont j'ai eu le loisir de faire l'examen il y a quelques années, lorsque je demeurai à Parme, ne nous offre aucune trace de découvertes & de voyages au de là des bornes du monde connû & décrit par les Géographes Grecs & Romains.

Dans les siècles obscurs de l'ignorance, durant les quels elle exerçoit son empire, qui n'est pas encore bien détruit, dans ces tems d'abjection & d'avillissement pour l'esprit humain, dont le souvenir seul fait rougir, il se fit cependant beaucoup de découvertes importantes, ce que je regarde comme le premier pas vers cette époque mémorable, à la quelle on a retrouvé les Indes. J'ai fait observer ailleurs, que les Vénitiens furent parmis les Européens les premiers, aux quels le hazard ait accordé de pénétrer au de la des bornes connues du Globe.

Le commerce qui est le père des arts & de l'industrie, conduisit cette illustre nation jusqu'aux extrémités de notre Hémisphère. Les plages des mers du Sud, du Nord, de l'Ocean Indien, de la mer Atlantique, Glaciale & Baltique, furent toutes visitées par les navigateurs Vénitiens, bien avant que les prétendus conquérans de l'Ocean, Gama & Christophe Colomb, y eussent conduit des Armées & des Colonies. C'est une vérité de fait dont je m'engage à prouver l'évidence. Je ne produirai point de preuves communes, que beaucoup d'autres avant moi ont fait valoir & dont je fais moi-même usage ailleurs.

J'ai enfin déterré de nouveaux monumens, qui vont dissiper les anciens préjugés, convaincre sans retour l'ingrate postérité & faire taire l'envie parmi les énemis de la gloire des Véniriens. La découverte que j'ai faite il y a peu d'années & par hazard dans la Bibliothèque de St. Marc doit faire époque dans la République des Lettres & détruire les anciennes idées, qu'on a eu jusqu'à présent mal à propos sur l'état de la navigation & de l'hydrographie des siècles antérieurs au renouvellement des belles lettres en Italie. Une découverte de cette importance mérite que le public en soit instruit; en lui en rendant le compte le plus exact & le plus sincère.

C'est en faisant, avec beaucoup d'application, des recherches sur tout ce qui me paroissoit avoir de l'analogie avec l'histoire du commerce

& de

& de la navigation des Vénitiens, sujet vraiment important & difficile à traiter, que je sentis combien on devoit faire attention a l'ouvrage d'un certain Vénitien Marin Sanudo le vieux, nommé *il Torcello*. Il fleurissoit à la fin du treizième siècle & au commencement du quatorzième: à en juger par ses écrits mêmes il étoit patricien & fut grand navigateur. Lé commerce sur mer l'avoit rendu l'homme le plus instruit de son tems & le plus grand connoisseur qui fut alors, de tous les parages de la Méditerranée, ainsi que de tous ses ports & de tous ses marchés. Après que les Européens furent entièrement expulsés de la Sirie, il mit tous ses soins à former un projet pour la recouvrer & s'y établir solidement. Il développa son sistème dans un très gros volume & se transporta à Rome pour le présenter au Pape; mais les circonstances rendirent toutes ses speculations inutiles.

Ce livre est intitulé: *Secreta Fidelium Crucis*, publié avec les ouvrages imprimés par Bongarsio dans son recueils en deux volumes dont le titre est: *Gesta Dei per Francos*. Le second volume ne contient que l'ouvrage de Sanudo. Cet ouvrage

G

remarquable est un manuscrit en parchemin é-
crit du tems de l'auteur & peut-être de sa main
propre: il est conservé avec plusieurs autres livres précieux dans la Bibliothèque de St. Marc.
J'ai voulu le consulter exprès pour m'assurer de
l'authenticité de cet exemplaire. Les détails les
plus minutieux qu'il nous donne sur le commerce de son tems sont curieux. Il y calcule
ce que doit coûter l'entretien d'une flotte &
d'une armée, il y indique la méthode & les ré-
glement d'alors pour la discipline militaire tant
sur mer, que sur terre; il décrit les machines
de guerre, les différentes formes des vaisseaux
alors en usage & il explique en grand la théorie & la pratique du commerce de ce tems-là
dans toute l'Europe, ainsi que dans l'Asie &
l'Afrique; il fait connoître quelles espèces de
marchandises Venise tiroit des différentes ports
de l'Ocean, de la Mer Noire, de la Méditerranée, ainsi que de l'Archipel & de la Mer Adriatique; & combien elle en tiroit de produit. Il
indique où l'on trouve le fer, le bois de construction, le chanvre, le goudron, la poix, le
grain, la cire, les pelleteries, les drogues, les
bijoux, la laine, le sel & tout autre espèce de

produit, qui formoit la base de leur riche commerce. Il sembloit, qu'il n'écrivoit, que ce que
l'expérience lui avoit appris & qu'il n'avançoit
point de calcul sans preuve & sans probabilité,
comme il arrive quelquefois à plusieurs de nos
écrivains modernes.

Après tous ces détails, il décrit contrée par
contrée toutes les côtes de l'Egypte, de la Sirie, de la Caramanie, de la Natolie & d'autres
rivages baignés par la Méditerranée. Il procè-
de avec une telle précision qu'il trouve en cela
peu d'imitateurs, le désir de profiter d'indica-
tions aussi justes, sur des plages peu exactement
connues, même de nos jours, fixa mon attention; mais les noms barbares des pays, qui ne
sont plus usités & qu'on ne voit plus dans les
cartes anciennes & modernes, me fit comprendre, que je me serois donné une peine inutile,
sans avoir une carte hydrographique contemporaine qui puisse me servir de guide. Je commu-
niquai mon embarras à Mr. l'Abbé Morelli Bi-
bliothècaire public de la Bibliothèque de St. Marc.
Il lui vint en pensée de me montrer un manuscrit ancien composé de certaines cartes hydrographiques, dont il ne connoissoit ni le conte-

nu, ni le prix : c'étoit cependant un trésor, dout personne n'avoit connoissance, pas même l'Auteur de la Littérature Vénitienne. En ouvrant ce livre je fus surpris de voir en tête: *Andreas Bianco de Veneciis me fecit Anno MCCCCXXXVI.* (*Voy. Pl. I.*) & à peine pouvois je me persuader. En effet combien ne devois je pas être étonné, en voyant un ouvrage de ce tems-là aussi exact & aussi différent des tables de Ptolomée. L'Italie, la Mer Adriatique, l'Archipel, la Mer Noire &c. y reprenoient leur vraie configuration. Les îles de la Dalmatie y sont si bien exprimées & si bien placées, que les cartes modernes ne sont pas absolument plus exactes. Il en est de même de la Morée, de la Crimée, qui ont une justesse, que je n'aurois jamais cru avoir été si bien connue des Anciens.

Après avoir contemplé avec avidité cette heureuse découverte, je voulus en tirer parti ; en examinant plus mûrement sa valeur : je la treuvai inéstimable. Je craignois le rapport de mes yeux, & je tremblois de voir toutes mes espérances s'évanouir, si le livre ne se trouvoit qu'apochriphe. J'appellai à mon secour Mr. l'Abbé Morelli connoisseur expérimenté des caractères anciens; il fut conclu entre nous, que l'ouvrage étoit original & précisement de l'année indiquée.

Une parfaite égalité dans les caractères & dans la disposition des lignes, m'assura que l'on ne devoit suspecter aucune fraude de moines, comme Mr. Thomas Temanza a soupçonné, je ne sais si c'est avec raison, à propos d'une ébauche d'un ancien plan de Venise, au sujet du quel je ne puis m'empécher de dire, qu'il l'a totalement défiguré dans l'ouvrage imprimé, qu'il en a donné. Dès lors je me proposai de ne point priver le public d'un monument aussi précieux. A quoi serviroit donc l'invention de l'imprimerie, si on ne l'emploioit à propager les richesses que nous offre les sciences & l'érudition? Je me manquerois à moi-même & au public, si je négligerois de communiquer aux autres le fruit de mes études, tel qu'il puisse être.

Les deux cartes, que je publie ici, suffisent absolument pour faire connoître les anciennes découvertes faites par les Vénitiens sur les côtes d'Afrique, depuis le détroit de Gibraltar jusqu'à celui de Babel-Mandel avant le voyage de Vasco de Gama; mais ce seroit tromper la curiosité du public, que d'ommettre de lui donner une notice générale de toutes les autres.

Le manuscrit qui contient les anciennes tables hydrographiques dessinées sur parchemin par André Bianco l'an 1436 & que l'en conserve dans la Bibliothèque de St. Marc, est relié en petit format, les cartes sont au nombres de dix seulement, quoiqu'elles aient été numerotées postérieurement jusqu'à treize par une autre main, parceque les chiffres qui servent à les numéroter comencent par trois & que la cinquième y manque, à moins que ce ne soit une méprise de celui, qui à mis les chiffres. L'ignorance d'un de ceux qui l'a eu autre fois en garde est cause, qu'il a été r.lié de la même manière, que les autres livres. Les cartes cousues & pliées par le milieu, ont été en plusieurs endroits, piquées de vers, mais toutes ne sont point gatées, ni également; le dommage d'ailleurs n'est sensible que dans les plis.

La première carte (*Voy. Pl. I.*) ne contient autre chose qu'une rose des vents, avec deux cercles, l'un grand & l'autre petit, servant pour la réduction des rumbs des vents. En haut on y lit une inscription (*num.* 1.), qui donne une idée de l'état de l'art de la navigation de ces tems-là : une table (*num.* 2.) pour mesurer les voyages sur mer, ou le chemin parcouru par les vaisseaux : un demi-cercle (*num.* 3.) divisé en rayons conformément à la rose nautique des vents : au bas & dans l'angle on y trouve enfin (*num.* 7.) des calculs conformes aux instructions énoncées dans le haut.

La seconde carte réprésente la Mer Noire, que les anciens navigateurs d'Italie ont si fréquenté & sur tout les Vénitiens. Ceux-ci la connoissoient parfaitement & peut-être encore mieux qu'elle n'est connue aujourdhui par les autres nations, par les Turcs & les Russes mêmes, qui peuvent y naviguer. En effet ne pouvoient-ils pas bien connoître une mer si souvent teinte de leur sang & beaucoup plus encore de celui de leurs énemis. Ce fut là le théatre, où la valeur vénitienne se fit admirer & craindre tout à la fois, dans un tems, où les Génois leur en disputoient l'empire.

La carte d'André Bianco est sûrement extraite de quelques autres, qui lui sont antérieures,

G 4

elle est tracée d'ailleurs avec une si grande justesse, que je ne doute pas, qu'elle ne puisse procurer de nouvelles lumières & corriger en quelques endroits les cartes modernes de cette mer, qui sont encore très imparfaites, on y voit beaucoup d'écueils, qui manquent dans les cartes nouvelles. Sa configuration est très différentes de celle des tables de Ptolomée & encore plus des modernes, sur tout vers la partie de l'Asie, que nous connoissons fort peu. La Crimée y a sa configuration naturelle, ainsi que la Mer des Zabaches jusqu'à Azoph, ou Tana, qui étoit le marché des anciens Vénitiens. J'en donnerai une notice plus étendue en la publiant & en la soumettant aux réflections des gens érudits.

La troisième carte contient toutes les plages de la partie orientale de la Méditerranée & tout l'Archipel. On ne peut assez admirer l'attention de l'auteur à marquer toutes les îles répandues dans ces mers: il n'en manque aucune à comter depuis Sasseno jusqu'au détroit de Constantinople.

L'autre partie de la Méditerranée est réprésentée dans une carte, où elle s'étends depuis

Corfou jusqu'à Ivizza; & de l'île Sidra en Afrique jusqu'à Venise. Toute l'Italie & ces îles y sont comprises, la configuration en est aussi exacte, que peut le permettre la petitesse de l'échelle, sur la quelle elle est faite. J'ai observé sur tout, l'exactitude de la Mer Adriatique, où il n'y manque pas même un écueil, les routes y sont beaucoup mieux marquées, que dans les cartes modernes, qui pour parler vrai sont très inexactes.

On voit dans la cinquième carte ce qui reste de la Méditerranée, qui est située plus vers le ponent, où elle se resserre entre l'Espagne & l'Afrique, savoir le détroit de Gibraltar; les côtes de Maroc, de l'Espagne & de la France. Cette carte embrasse de plus une portion assez considérable de l'Ocean Atlantique, où l'on voit des îles placées assez loin vers le ponent. Cette carte est une de celles, que je publie ici.

La sixième carte exprime les côtes de la France, de la Germanie, à compter depuis Bayonne jusqu'à l'extrémité de l'Irlande & de l'Ecosse.

Dans la septième on y voit la Mer Baltique dessinée avec le Golfe Botnique, la Terre Gla-

ciale de la Norvège, la Frislande, l'Islande &
autant que je puis en juger on y voit aussi la
Terre Neuve sous le nom de Stokfish.

J'ai observé que cette dernière est la plus
imparfaite de toutes; en effet la pauvreté de
ces régions boréales n'attiroit pas beaucoup les
navigateurs Vénitiens. Ces parages d'ailleurs
n'aiant point de marchés fournis de riches marchandises, ils ne devoient être que très râre-
ment visités par les galères vénitiennes; par conséquent la carte qui les réprésentoit devoit être
moins soignée, que les autres. Elle est cependant très digne d'attention, puisqu'elle démontre, que les anciens Vénitiens n'ignoroient rien
de tout ce qui avoit rapport avec le commerce.

Dans la huitième carte on y voit répété sur
une échelle plus petite, toute la Mer Méditerranée, la Mer Noire & une partie de l'Ocean
jusqu'aux régions les plus boréales.

La neuvième (*Voy. Pl. IV.*) est disposée dans
un ordre tout-à-fait différent des autres cartes
hydrographiques précédentes. C'est un tableau
en petit de tout l'hémisphère connu des anciens.
C'est un morceau, qui à lui seul vaut un livre
entier de géopraphie des siècles du moyen âge.

Je la publie ici, parceque je la considère comme une pièce capable de réveiller beaucoup d'idées non seulement sur l'état des connoissances & des sistêmes géographiques de ce tems-là, mais encore sur les progrès de peinture & du dessein à la même époque. C'est par cette raison que je me suis donné tous les soins possibles pour la faire dessiner parfaitement conforme à l'original.

La dixième carte enfin n'est autre chose, qu'une Mappemonde de Ptolomée. D'après les confrontations les plus scrupuleuses, que j'en ai faites, je me suis convaincu, qu'on n'y avoit fait aucune correction & que l'Auteur n'avoit fait aucun usage de ses connoissances hydrographiques pour corriger les erreurs de Ptolomée. Cependant je ne conclus pas de là, que Bianco soit l'Auteur de ces cartes hydrographiques, seulement qu'il est un simple déssinateur & qu'il doit les avoir certainement tirées d'un ouvrage plus ancien. Mon opinion est qu'elles furent tirées de cette fameuse carte pour la navigation *Cartâ da navegar*, qui servait anciennement de guide à chaque navigateur Vénitien; car ce seroit une très grande erreur de dire, qu'ils ne connoissoient pas autre fois l'usage de ses cartes, comme il paroit, que quelques uns l'ont pensé. Cette carte étoit le résultat de toutes les navigations antérieures. Les copies, qui s'en faisoient, étoient ensuite corrigées par les observations particulières. Tant de lumières réunies & communiquées réciproquement servirent sans doute à établir les cartes d'André Bianco, ou bien celles qui servirent de modelle à ces dernières & dont je soupçonne la date antérieure à 1380. La raison sur la quelle mon opinion est appuiée, est que les mers du Nord n'y sont point marquées, l'Islande & la Frislande il est vrai y sont dénommées, mais sans aucune espèce de précision. On n'y voit point la Groënlande, ni la partie orientale du Labrador : toutes choses, qui devoient être connues des Vénitiens en 1436, puisque la rélation des voyages des deux frères Zen étoit déjà parvenue ; ainsi que leur carte de navigation pour les mers du Nord, qui fut depuis publiée & imprimée en 1556, c'est-à-dire plusieurs années avant la prétendue découverte du détroit de Davis & de Labrador par les navigateurs ultramontains.

Cette carte gravée en bois est très râre. J'en

ai vû un seul exemplaire, que je ne manquerai pas de publier dans un supplément au voyage d'Amérique, lorsque je parlerai de la Frislande, dont le nom a été supprimé de dessus, la superficie du Globe par les Géographes modernes. Si les cartes de Bianco eussent été faites par lui même, pourquoi ne réprésentent-elles point les Terres Arctiques & les Mers Glaciales, découvertes plusieurs années auparavant par les frères Zen? Si le dessinateur ne les avoit pas copié sur des cartes plus anciennes; & si à tout cela il eut joint la science de construire des cartes hydrographiques, pourquoi n'a-t-il pas fait usage de son savoir pour corriger la Mappemonde de Ptolomée? Pourquoi ne donna-t-il pas à l'Italie & à la Mer Adriatique la même configuration, qu'elle a dans ses cartes hydrographiques? Mais en considérant ensuite, qu'elles comprennent les îles Canaries, Madère & les Azorides, on ne peut pas fixer leur âge beaucoup avant 1348, époque à la quelle nous savons que ses îles étoient déjà découvertes, puisque, comme Baudran le prouve, Jean Roi de Castille en avoit accordé quelques unes à Jean de Betancour Gentilhomme de Normandie. Quoi-

qu'il en soit on ne peut pas mettre en question si ces cartes hydrographiques sont vraiment de l'année qui est indiquée & de l'auteur
qui y est nommé; quelles soient originales ou
copies, elles sont certainemnt les plus anciennes qui se conservent en Europe après la table
Peutingerienne & celle de la Bibliothèque de
Parme, que l'on sait être de 1367; mais qui
cède de beaucoup à celle-ci pour l'utilité &
pour l'exactitude.

Les voyages de Marco Polo nous assurent,
que les Vénitiens avoient connoissance de l'é-
xistence des îles de la Sonde dans la Mer In-
dienne & de celles de Madagascar dans l'Océan
Afriquain.

Marco Polo écrit, que le Madagascar est une
île vers le Midi loin d'environ cent milles de
Scorsia, ou Soccotora. Cette île a quatre cent
milles de tour & il s'y fait un grand commerce de dents d'Elefans. On ne doit par chercher
de l'exactitude dans les mesures & dans les distances, il suffit de savoir, que vers la fin du
treizième siècle les Vénitiens avoient déjà la
connoissance de l'éxistence d'une île d'Afrique;
dont les Portugais deux siècles après, dirent en

avoir fait la première découverte. Au reste Marco Polo a joint beaucoup de fables à la rélation de ses voyages & les débite avec une fran-
chise, qui lui fait mériter le surnom de *Milion*,
ou hableur.

En parlant de Madagascar il dit qu'on apor-
ta de cette île au grand Kan une dent de San-
glier, qui pesoit dix sept livres. Dans un autre
endroit, qu'on y trouve de certains oiseaux appellés *Nibi* & si grands que les plumes de leur
ailes ont douze pas de longueur, ou peu s'en faut.
Cet oiseau ajoute notre géometre prend de petits Elephans, les enleve en air, les laisse ensuite
tomber & fond dessus pour en manger la chair
tout à son aise. Marco Polo ne nous donne pas
les dimensions du corps de cette singulière bê-
te, mais je l'ai trouvé dans le Planisphère du
Frère Mauro, l'envergure étoit de soixante pas.
Cet oiseau étoit encore très petit en comparaison de ceux, qu'un Rabin vit en Afrique, deux
œufs des quels en se rompant inonderent soixante
milles du Pays. Ce sont des fables à raconter
à des enfans; mais l'éxistence du Madagascar
se vérifia deux siècles après.

Il étoit donc vraisemblable que cette île au-

roit dû se trouver tracée dans les cartes de 1436;
mais dans le fait elle n'y est pas, & ne peut y
être. Marco Polo ne voyagea point sur mer, il
ne parle pas toujours de choses, qu'il ait vû, &
il n'est point certain qu'il ait jamais produit
aucune carte des terres & des îles, qu'il auroit
visité, du moins c'est le sentiment de Ramusio. Quelques-uns ont crû, que les cartes, qui
se conservent dans le Palais Ducal de St. Marc
lui étoient contemporaines; mais elles ne le sont
point. Elles furent faites du tems & sous la direction de Ramusio; & elles ne s'accordent
point, ou fort peu, avec la rélation des voyages de Marco Polo.

Néanmoins la préténdue réparation, qu'on y
a faite, il y a plusieurs années, est une grande perte, à la quelle on ne peut remédier.
Quelle confiance pourront-elles mériter actuelle-
ment après avoir été soumise à la fantaisie d'une
main aussi ignorante que hardie? Telle chose qu'il puisse en être, les cartes hydrographiques d'André Bianco ne pouvoient avoir pour
base les rélations vagues & confuses d'un voyageur par terre, puisqu'elles ne devoient servir
qu'aux navigateurs, & leur réprésenter les courses

déjà

déjà faites sur mer, sur les côtes & dans les ports, que d'autres voyageurs avoient visité & dessiné.

La carte hydrographique de Bianco, qui est jointe ici (*Vid. Pl. III.*) ne répresente les côtes d'Afrique baignées par le Mer Atlantique, que jusqu'au Cap Bojador parallele aux îles Canaries, Bianco écrivit sur cette carte, par erreur, *Cap Nun*, au lieu de *Cap Budzedor* erreur qu'il a corrigé lui même dans sa carte générale. Le Cap Nun dans celle-ci & dans l'autre est appellé *D'Inor* sous *Agilon*: tout près de ce Cap on y voit dessiné un fleuve, dont l'embouchure semble former un port ample & capable de reçevoir des vaisseaux; il est appellé *Citarlis*, il semble qu'il vienne des parties les plus internes de l'Afrique & qu'il se divise par un autre embranchement, qui s'appelle le *Main* & qui se décharge dans l'Ocean plus vers le Nord.

La superficie, qui s'étend entre ces deux fleuves est d'une telle étendue, qu'elle correspond à l'espace de terrein qui se trouve entre le cap de Bojador & l'embouchure du fleuve *Sus*, où est la ville & le port de *Guartguassen*, que nous appellons *Santa Crux*: le nom d'*Agilon*,

H

qui se lit un peu au dessous de celui du fleuve *Main* ne laisse aucun doute, c'est le *Cap*
Agulon sur les confins du royaume de Maroc,
situé environ à soixante & dix milles de celui
de Nun, comme on le voit aussi sur cette ancienne carte.

Je me suis fatigué en vain à reconnoître tous
les autres lieux marqués sur les côtes, qui sont
nommés de *Cuarlis*, jusqu'au fleuve *Main* ;
Plazic, *Cabosin*, *Akermil*, *Anfulin*, *Ufin*, *Mer-*
cusi, *Samoin* & *Algunzin*. De tous ces noms *Ca-*
bosin est le seul, que je croirois avoir deviné,
parcequ'il me semble par sa position être précisément *Chainbo*, petite promontoire qui se
trouve du côté du Nord-Est du Cap Bojador,
mais je ne pourrois pas décider, si c'est celui,
qui est placé sur le banc du Cap Bojador, ou
bien si ce ne seroit pas un autre de même nom,
qui est plus vers la partie boréale & qui est
marqué par d'Anville au Nord Nord-Est du
Cap de *Roquette*.

J'ai fait plusieurs recherches pour trouver le
rapport de ces anciens noms avec les modernes,
quoique j'aie bien senti l'inutilité d'une érudition aussi ennuieuse. *L'Afrique de Livio Sanu-*

do étoit le seul ouvrage, sur le quel j'avois quelque confiance, il y a peu de personnes qui connoissent le mérite de cette écrivain Vénitien. Il fleurissoit au commencement du seizième siècle & il étoit célèbre autant par la noblesse patricienne de sa maison, que par l'étendue de son savoir. Pendant sa jeunesse les mathématiques furent ses délices, science, qui est aimée comme par instinct des ames capables d'éprouver l'amour de la vérité, d'en sentir la force & de lui rendre hommage. Des ces tems-là, on avoit doublé le Cap de Bone-Esperance: la découverte du nouveau monde étoit déja l'objet de la curiosité commune. Livio Sanudo en fût pénétré & il se mit dans un âge mûr à ramasser toutes les notices les plus exactes sur les nouvelles découvertes, dont il composa un globe, sur le quel il avoit réprésenté toutes les parties du monde connu jusqu'alors, ce qui doit le faire regarder comme le premier réformateur de la géographie ancienne. La perte qu'on à faite de cet important ouvrage, doit exciter les plus vifs regrets. Il ne nous reste de cette auteur, que les douze tables de l'Afrique, qui se trouvent jointes à la description, qu'il à faire

H 2

de cette partie du monde & qui ne fût publiée
seulement qu'après sa mort. Il suffit de jetter
un coup d'œil sur cet ouvrage pour juger, que
son auteur étoit géometre, on y voit briller
par tout l'ordre, la méthode & la précision,
toutes choses peu communes dans ces tems-là.
J'ai observé que la péninsule de l'Afrique y est
si bien exprimée & dessinée sur ses cartes, que
je dirai presque, que les géographes, qui lui
sont postérieurs, n'y ont rien, ou presque rien
changé. J'y ai admiré le cours du Sénégal &
celui du Gambra, qui se trouvent tracés jusqu'à une distance, qui démontre bien, que ces
fleuves lui étoient connûs bien avant que les
François y fussent parvenus. Si je ne me trompe, les voyages de Cadamosto, qui est aussi un
patricien Vénitien, ont servi de guide pour ce
dessein.

Je suis bien aise d'observer ici, que les géographes modernes n'ont pour tracer la carte de
toute l'Afrique, que bien peu de lumières &
de connoissances, de plus que les anciens Géographes & sur tout Sanudo. Parcequ'à l'exception de quelques observations astronomiques
faites par des géographes & des navigateurs plus

expérimentés, il faut avouer que tout le reste
est tracé suivant le caprice, ou tout au plus
par estime. Cadamosto & Brue naviguerent dans
le Sénégal, mais ni l'un, ni l'autre n'eurent le
tems, ou ne pûrent mesurer cet immense fleuve. Brue cependant retourna dans sa patrie
avec une carte du cours du fleuve de Sénégal ;
pour Cadamosto il se contenta d'en écrire une
simple relation. S'il en faut excepter les erreurs
du premier, le Sénégal n'est pas encore connû.
On peut dire la même chose de presque tout le
reste de l'Afrique; & ce seroit une grande in-
dulgence d'accorder que touts les parages de
cette partie du monde sont bien connûs. Quant
à l'intérieur on ne le connoit pas plus, que
celui qui est entre l'Atlante & la Mer, quoique très voisin de l'Europe.

Il me semble, que Livio Sanudo a suivi les
traces de *Giovanni Leone*. La description ample
& très détaillée, qu'il fait de la Barbarie & de
la *Mauritanie* dans ses ouvrages & dans ses tables correspond à la relation de cet Afriquain.
J'ai confronté la côte occidentale du royaume
de Maroc & celle de Mauritanie sur l'Ocean,
depuis le Cap de Bojador jusqu'à l'embouchure

de Sus; & je n'ai pas trouvé qu'elle différa beaucoup de la carte de Bianco.

Le fleuve qui coule au dessus du Cap Bojador, ou Buzedor est appellé *Aridus fluvius*. Le nom de Citarlis n'y est point marqué dans aucun endroit, mais cette dénomination de fleuve aride me semble plutôt indiquer un attribut, que son nom propre. Dans la carte de Sanudo on y voit les quatre *chateaux d'Ifren*, qui selon Léon sont justement situés sur un fleuve, qui se gonfle l'hiver & qui est sec pendant l'été; il n'y a pourtant point de nom, qui corresponde en rien à celui de Main, que j'ai déjà dit être à la place de celui de Sus.

Quoiqu'il en soit on ne peut se dissimuler, que les Anciens n'eussent des idées fausses sur la géographie & qu'ils n'admissent des principes absurdes. Tels sont par exemple ceux de croire que le Nil avoit deux sources, l'une à l'orient dans les montagnes de la Lune & l'autre à l'occident au pied du mont Atlas; & de croire en outre, qu'il y eut dans le globe des réservoirs immenses d'eau placés çà & là, dont les fleuves tiroient tous, leur origine.

L'opinion de croire que le Nil prenoit sa

source dans le mont Atlas en occident étoit venue des Anciens. Cesar le croioit aussi. L'autre opinion partoit de principes, qu'on pouvoit ne pas admettre sans pécher, & que la crédule simplicité des peuples regardoit comme infaillible, ou croioit, que ses amas d'eaux echappées de l'abîme, pour produire le déluge & réunies avec l'eau des cataractes du ciel étoient l'origine de tous les fleuves & sur tout de ceux qui portent à la mer le volume d'eau le plus considérable. Il ne pouvoit pas en être ainsi du fleuve d'Ifren, ni de celui de Sus; mais les navigateurs ne connoissoient que l'embouchure des fleuves, & tous ceux, qui déchargent leurs eaux dans l'Ocean en ont de considérables. C'est pourquoi ils pouvoient penser, qu'ils venoient de loin & fondant tous leurs sistêmes sur des bases erronnées ils supposoient que la source de ces fleuves provenoit des réservoirs de l'abîme. Or le grand réservoir de cette source supposée étant les plus voisins du Nil, il étoit plus simple de ne pas en chercher un plus loin.

Le nom de Citarlis vient par corruption de l'ancien mot *Cirtha*, ville illustre dans l'ancienne géographie & qu'on croit être la même,

qui est aujourdhui connue sous le nom de Con-
stantine. Le saut étoit grand, mais nos anciens
faisoient des vols.

Je ne me arrêterai pas ici à confronter nom
par nom tous les autres endroits marqués sur
cette carte : j'en épargnerai l'ennui au lecteur :
ceux qui auront besoin de se provoquer au so-
meil, pourront l'entreprendre par eux mêmes
sur la carte de Mr. d'Anvilles. Il me reste à
faire d'autres observations plus importantes, qui
exigent notre attention.

La position des îles Canaries est très imparfaite & elles ne peuvent être plus mal placées.
Leur configuration est fort inexacte ; ainsi que
celle de *Madère* & de *Porto Santo*. Quelle pro-
digieuse différence? Il ne manque pas un seul
écueil à l'île de Cadix & à toute la côte d'Espagne, pendant que ces îles éparses dans l'Ocean peuvent à peine se reconnoître. D'où il est
facile de s'appercevoir, que les Vénitiens qui
fréquentoient les ports de l'Espagne & du Portugal, devoient aussi les connoître exactement ;
& par la même raison, il ne pouvoient qu'à
peine avoir idée des lieux où la bourrasque les
avoient jetté quelquefois.

La chaîne des petites îles, qui s'étend au septentrion des îles Canaries correspond aux Açores, quoique leurs noms n'y aient que peu,
ou point de rapport. On observe entre autres
une île, qui porte le nom de *Bresil* ; & même
aujourdhui on distingue encore dans les Açores, le *Moro de Bresil* comme on peut le voir
dans les cartes de d'Anville. On voit dans une
autre carte au ponent de l'Islande, comme je
le fera observer ailleurs, une autre île appellée
Berzil ; mais qu'il ne faut pas confondre avec
celle-ci. La répétition de ce nom très peu alteré, me suggère l'idée de croire à l'incertitude
des Anciens sur l'éxistence, & la situation d'un
pays, soit qu'il fut île ou continent, qu'ils savoient être appellée Bresil.

L'île du Corbeau est appellée ici *Corbo Ma-
rinos* & celles des fleurs *Coriios* : il paroît que
l'île de St. George est la seule qui ait retenu
son nom, puisqu'on l'y voit appellée en dialecte
vénitien *Isola di San Zorzi*. Celle qui porte
le nom de *Brasil* est certainement la *Terzere*.
Mais je ne sai pas à quelle des trois îles la
Graziosa, *Fayal* & *Pico* correspondent les deux
îles appellées *di Colombi* & *Debeutuffa*. Celles de

St. Michel & Ste. Marie correspondent sûr cet‑ te carte à *Lobo* & *Chapesa*. Si on avoit une hi‑ stoire exacte des Azorides & de leur découver‑ te, on verroit facilemeut l'origine de ces change‑ mens, mais c'est ce qui nous manque absolum‑nt.

La plus remarquables de toutes & qui mérite réfl‑xion est celle, qui est située plus vers le ponent, & qui porte le nom d'*Antilla*. Sa grande étendue, ses ports & les fleuves dont elle est environnée de toute part, nous dèmon‑ tre qu'on en avoit connoissance dans ses tems‑ là; & qu'avant Christophe Colomb, quelques navigateurs y avoient abordé. La gloire de Chri‑ stophe Colomb n'en est pas moins grande, puis qu'il sût retrouver une terre perdue & s'ouvrir un passage à l'autre hémisphère.

L'origine du nom d'Antille n'est pas connue, & ce seroit trop se perdre en conjeâures de penser que ce mot pût signifier la situation par rapport au nouveau continent, ou cette île é‑ toit contigue. On ignore en quel tems elle fut découverte & par qui. Tout ce qu'on sait c'est qu'elle l'étoit un grand nombre d'années avant les voyages de Christophe Colomb, au moins un siècle entier autant qu'on peut en juger.

Sur cela je pense différemment, que les illus‑
stres panégiristes de Christophe Colomb, je
rends d'ailleurs justice à leurs talens, qui se font
admirer dans la République des Lettres qu'ils
honorent. Je veux parler d'un ouvrage qui a
été récemment mis au jour & qui est intitulé
l'*Eloge historique de Christophe Colomb*. Mais je
le dirai sans détour, les auteurs de ce livre n'ont
en aucun endroit touché le vrai, ce dont je dé‑
montrerai l'évidence. L'éxistence des îles Antil‑
les, selon eux, avoit été indiquée à Christophe
Colomb par les relations & les avantures des
mariniers, qui trafiquoient dans les mers des
îles Azorides & de Madère. Ces relations quoi‑
que fabuleuses en tout ou en partie furent re‑
gardées par Colomb, comme des marques &
des indices suffisans pour nourrir ses espérances.
Voici le récit de ses relations & avantures.

„ Vincent Marin Pilote du Roi de Portugal
„ dit à Christophe Colomb, qu' un jour se trou‑
„ vant à 450 lieües plus vers le Ponent du Cap
„ St. Vincent, il trouva dans la mer un mor‑
„ ceau de bois artistement travaillé sans le se‑
„ cours d'aucun instrument de fer. Il conclua
„ de là & aussi de ce, que le vent avoit souf‑

„ flé pendant plusieurs jours , que ce morceau
„ de bois pouvoit venir de quelques îles , qui
„ devoient être situees dans cette direction. Pier-
„ re Correa son beau-frère ; lui raconta encore
„ d'avoir vû un morceau de bois semblable dans
„ l'île de *Porto Santo* bien travaillé qui y avoit
„ été poussé par les mêmes vents , ainsi que
„ de très gros roseaux, inconnus dans cette île
„ & en Europe , & qui contenoient neuf ca-
„ raffes d'eau d'un neud à l'autre. Les habitans
„ des îles Açores lui rapporterent aussi que lors-
„ que le vent du Ponent y souffloit avec force ,
„ la mer apportoit des pins sur les rivages des
„ îles *Graziosa* & *Fayal* , où l'on ne trouve
„ point de ces sortes d'arbres , ni même dans
„ les environs. Qu'en outre la mer avoit jetté
„ sur les rivages de l'île des fleurs , l'une des
„ Açores deux cadavres humains , dont la face
„ étoit très large & d'un aspect différent de
„ ceux des Européens. Une autre fois on avoit
„ vû dans le voisinage de ces îles quelques bar-
„ ques couvertes qui y avoient été poussées par
„ le vent. Antoine Leme , qui s'étoit marié
„ dans l'île de Madère, lui dit que s'étant une
„ fois très avancé vers le Ponent avec une ca-

„ ravelle, il y avoit vû trois îles. Un habitant
„ de la même île de Madère vint en Portugal
„ en 1484 demander une caravelle au Roi pour
„ aller reconnoître un certain continent, qu'il
„ disoit appercevoir tous les ans toujours dans
„ la même situation. D'après de pareils indices
„ on plaçoit au hazard sur les cartes marines
„ & sur les Mappemondes de ce tems-là, quel-
„ ques îles à cette hauteur ; & principalement
„ celle qui est appellée Antille, qui est située
„ à deux cent lieues à l'Ocident des Canaries
„ & des Açores. Les Portugais la prirent pour
„ l'île des Sept-Villes, peuplée suivant leurs
„ traditions dès l'an 714 du tems de l'invasion
„ des Maures, sur quoi ils font beaucoup de
„ narrations. Un certain Diego de Tiene alla
„ aussi à la recherche de cette île ; & son pi-
„ lote nommé *Velasco* raconta à Christophe Co-
„ lombo la relation de sa navigation & les in-
„ dices qu'ils eurent sur l'existence de quelques
„ terres situées à l'occident & où il ne voulu-
„ rent point s'engager à cause de l'hiver. Ce
„ qui lui fut confirmé par un marinier, qui
„ dans un de ses voyages qu'il fit en Islande,
„ lui dit avoir vû cette terre, dont on vient

» de parler & qu'il crut que ce pouvoit être
» une portion de la Tartarie qui tournoit vers
» l'Occident. Cette terre devoit être ce que
» nous appellons aujourdhui *Bacalos* ; mais le
» mauvais tems ne permit point d'y aborder.
» *Pietro di Velasco* lui affirma, que faisant le
» même voyage, il s'étoit tant avancé vers le
» Nord-Ouest, qu'il avoit vû des terres à l'Oc-
» cident de l'Islande. Vincent Diaz pilote Por-
» tugais en revenant de la Guinée & passant
» par l'île de Madère, crut appercevoir à l'Oc-
» cident un vrai continent. Il fit part de son
» sécret à un Marchand Génois, qui arma un
» bâtiment, pour aller en faire la découverte,
» après en avoir démandé auparavant la permi-
» tion au Roi de Portugal. Diaz partit donc
» avec le Marchand, qui s'appelloit *Luca di*
» *Cozzar*, ils s'en allerent trois à quatre fois
» chercher cette île, faisant de 120 à 130
» lieues, mais sans jamais rien découvrir. Gas-
» par & Michel de Corte Real, tous deux
» fils du pilote qui avoit découvert la Terze-
» re, périrent dans cette même entreprise &c. ”
Mais Christophe Colomb n'étoit pas encore
né, quand l'éxistence des îles Antilles étoit di-

vulguée dans toute l'Europe, puisque nous la
voïons clairement exprimée dans la carte de
Bianco en 1436, indice certain, que dès lors
on en avoit fait en quelque façon la découverte ; ce qui paroit encore plus clairement dans
une lettre de *Paolo Toscanelli* auteur du Gnome
que est à Ste. Marie la Neuve à Florence, qu'il
avoit écrite en 1474 à *Fernando Martinez* Cha-
noine de Lisbone, qui l'avoit consulté de la
part du Roi de Portugal sur la probabilité de
retrouver les Indes. Après avoir discuté comme
il paroit, d'une manière très détaillée les indices donnés par *Marco Polo*, avec le quel il
avoit composé une charte semblable aux cartes
marines de ce tems-là ; il s'exprime ainsi: "Et
„ de l'île des Antilles, dont vous avez connois-
„ sance, & que vous appellez l'île des Sept-Villes
„ jusqu'à l'île de Cipango, il y a dix espaces
„ qui font 2500 milles &c. " L'éxistence des
Antilles étoit donc connue indépendamment des
relations & avantures des mariniers racontées à
Christophe Colomb; depuis bien long tems,
& avant lui d'autres navigateurs avoient taché
de découvrir cette terre, mais toujours en vain.

L'opinion, qui s'étoit répandue que cette île

contenoit des richesses immenses, & que c'étoit-
là, où un grand nombre d'Espagnols s'étoient
retirés dans le tems, que les Maures firent la
conquête de l'Espagne, étoit probablement le
motif, qui avoit engagé en différens tems plusieurs nations à entreprendre des voyages & a
tenter des recherches pour cet objet. Tel a dû
être sans doute le motif du voyage fait au commencement du XIV. siècle par Augustin Vi-
valdi & Theodosio Doria Génois, dont Casoni fait mention, quoique ces deux hardis voyageurs aient été engloutis dans l'Ocean, &
qu'on n'aie plus entendu parler d'eux.

En lisant les histoires de toutes les découvertes faites dans l'Amérique par les Espagnols
à commencer par celles de Christophe Colomb
jusqu'à celles qui ont été faites plus récemment,
on peut remarquer facilement combien ceux qui
faisoient ces découvertes étoient prévenus sur
les richesses de ces pays. La première question
que Christophe Colomb fit aux habitans des
Antilles, fut concernant les mines d'or. Il croioit sans doute être arrivé à cette fameuse île
des Sept-Villes, où l' or devoit se trouver dans
les rues. Il ne s'en trouva en effet, qu'avec
                                        beaucoup

beaucoup de peine & en petite quantité ; & c'est par cette raison qu'on disoit que ce pays n'étoit pas celui des Sept-Villes. On le chercha donc sur le continent, où l'on trouva le Mexique & le Pérou. Mais comme ils n'y trouverent ni montagnes d'or, ni cailloux de pierres précieuses, ils crurent encore que ce n'étoit pas le pays de l'or, qu'ils cherchoient. Un Moine de Nice qui avoit accompagné les troupes espagnoles que conduisoit Fernand Cortez pour la conquête du Mexique, pénétra un peu vers le Septentrion ; & aiant visité la Californie & les provinces baignées par la Mer Vermeille, qu'il avoit enfin découvert le pays des Sept-Villes. On y envoya des espions, mais la contrée des mines de Sonora, quoique les plus abondantes de l'univers ne pouvoit encore passer à leurs yeux pour les pays des Sept-Villes, où l'or devoit paroître à découvert dans les mines. Enfin les Espagnols se lasserent de faire tant de recherches ; & voyant que l'or ne se trouvoit pas sous les mains, ils furent obligés de le faire tirer des mines, en se reservant toujours la faculté de s'épargner cette fatigue, lorsqu'ils trouveroient la Dorado, qui est le pays, qu'il cher-

I

choient; ne sachant plus où le retrouver, ils le placerent dans l'intérieur de l'Amérique Méridionale entre la Terre Ferme & le Bresil, proche le lac Parima, c'est-à-dire, précisément dans la partie, où ils n'ont pu jusqu'à présent pénétrer, à cause de la résistance des Sauvages, qui habitent les immenses forêts de ces régions.

Au reste, la tradition, sans doute fableuse, répandue en Espagne dès le XV. siècle sur l'émigration des Chrétiens lors de l'invasion des Maures, devoit être appuiée sur l'opinion encore plus ancienne de l'éxistence d'un continent vers le milieu de l'Ocean Atlantique. En effet on ne peut nier, comme les panégiristes mêmes de Christophe Colomb l'accordent, que les Anciens n'aient eu des notions confuses du nouveau monde. St. Jerôme le soupçonnoit & l'on voit son opinion, lorsqu'il cite une lettre de St. Clément. Il y dit clairement, que passé la mer de l'Ocean il y avoit un autre monde: aussi il étoit contraire en cela à St. Augustin. On connoit le discours d'un Prêtre Egyptien à Solon l'Athénien rapporté par Platon dans son Timée, au sujet d'une île des Atlantides, placée au delà des colonnes d'Hercule. Il fait dire à Critia que cette île étoit aussi grande que l'Asie & l'Afrique réunies ensemble, que l'on en voyoit d'autres après en très grand nombre, mais plus petites, après les quelles se trouvoit ensuite un vaste continent & enfin plus loin encore étoit le vrai Ocean. Elian écrit aussi, que l'Europe, l'Asie & l'Afrique étoient environnés de l'Ocean, & qu'ensuite on trouvoit un autre continent d'une vaste étendue, où les hommes & les animaux sont plus grands, que dans le nôtre, & où l'on trouve une quantité incroïable d'or & d'argent.

Quoique Platon ne m'en impose en rien avec sa prétendue divinité & ses romans; & encore moin Elian avec ses fables, je suis obbligé cependant d'avouer mon étonnement de voir, que les narrations de Platon s'approchent autant du vrai, puisqu'à l'exception de la grande île, qui suivant lui a peut-être disparu par un tremblement de terre, presque tout se trouve conforme à la verité deux mille ans après: ce qui me surprend encore plus, est la prédiction de Senéque, dont l'enthousiasme & le feu de l'imagination, source unique de toutes les anciennes prophéties, lui fait dire dans sa Medée.

. . . . . . venient annis
Sæcula seris, quibus Oceanus
Vincula rerum laxet, & ingens
Pateat tellus, Tiphysque novos
Detegat orbes, nec sit terris
Ultima Thule.

Dont voici la traduction.

Un tems viendra, ou l'Ocean après une longue suite de siècles ouvrira les barrières de son empire, & nous laissera voir un vaste continent. Une autre Tiphis (*) découvrira de nouveaux mondes ; & Thule ne servira plus de bornes à l'univers.

Je regarde comme fabuleuse l'histoire qu'Aristote & Theophraste racontent de ce vaisseau carthaginois qui l'an 356 de Rome naviguant entre l'occident & le midi, découvrit à une très grande distance du continent une île déserte, spacieuse, arrosée de fleuves considérables, couverte de bois, dont la beauté sembloit annoncer un terrein très fertile, je la regarde, dis-je comme fabuleuse d'après ce qu'ils ajoutent, qu'une partie de l'equipage s'y arreta, le

_____

(*) Typhis pilote des argonautes.

reste étant retourné à Carthage ; qu'ensuite le
Sénat aiant pris connoissance de cette découverte & la regardant comme nuisible à la République, dans la crainte que les émigrations ne
vinssent à dépeupler la ville, il prit le parti de
faire mourir tous ceux qui étoient retournés de
cette expédition, ce qui priva les autres, qui
étoient restés dans cette île, des moyens de
pouvoir jamais en sortir. Si l'île étoit déserte,
ce ne pouvoit être celle des Antilles, ni faire
partie du nouveau monde, où il est probable
qu'il y avoit des habitans dès ce tems-là. Je
n'admets pas non plus l'opinion de ceux, qui
veulent que les hommes du nouvel hémisphère
soient moins anciens que nous ; & qui croient
le démontrer en apportant pour preuve le peu
de progrés, que la société des hommes du nouveau monde avoit fait dans les sciences & les
arts. Mais nous avons devant les yeux les nations très anciennes des Nègres de l'Afrique,
qui certainemment ne sont en rien supérieurs aux Caraibes. D'un autre côté quelle
trace a-t-on trouvé de la langue punique dans
tous les dialectes des Amériquains indigènes ?

Le voyage de *Madoc* me paroit une invention mal digérée de Powel. Hackluit la donne cependant pour indubitable; mais ni l'un, ni l'autre n'en apportent pas une preuve satisfaisante; d'ailleurs on n'admet guères celles, qui se donnent en quatre vers & encore moins en vers gaulois & rimés.

Tout se réduit donc à des fables inventées, je ne sai en quel tems, mais à coup sûr elles ne sont pas anciennes, parceque pour peu qu'on voulut remonter aux siècles précédens, on trouveroit que les Gaulois, avec toute leur généalogie céltique, non seulement n'avoient point de poëtes, mais même d'alphabet. Néanmoins les Anglois ont beaucoup parlé de ce Madoc de leur nation, qu'ils disoisent être le second fils d'Owen Guyned prince de Galles entre 1170 & 1190.

Selon eux & selon la légende qu'ils citent (*),

(*) Madoc Wif, Mwyedic Weedd
     Gawn genau, Avyn-Gynedd
     Ni finnum dir, fy enaid oedd
     Na da mawr, ondy moroed.

Je suis Madoc fils d'Owen Guyned, qui dédaigna sa patrie & ses richesses; & fut enflammé du désir de faire des découvertes de terres nouvelles.

il découvrit après plusieurs semaines de navigation une terre inconnue vers le Ponent; & après
y avoir laissé 26 hommes, ce jeune prince retourna en Angleterre. Les Anglois concluent de
là que la découverte de l'Amérique/à été faite
par un des leurs. Mais l'Amérique, qui se trouve au Ponent de la principauté de Galles, ne
sauroit être autre chose, que la terre de Labrador, ou tout au plus Terre Neuve, qui est
à 50 dégrés plus éloignée de l'Angleterre, voyage qu'on ne peut faire en quelques semaines
même aujourdhui, où notre manière de voyager
est aussi supérieure à celle des Anciens, comme
les Anglois modernes le sont aux anciens Brétons.

J'ai observé que dans les anciennes cartes hydrographiques, qu'on trouve marqué au Ponent
de l'Irlande deux îles appellées *Maida* & *Verte*.
Je l'ai encore trouvé dans la carte réduite du
Globe de Mr. Bellin, qui est jointe à cet abrégé; & je n'ai pas jugé à propos de les suppri-
mer, comme le sont tous les autres géographes modernes. Cette observation m'a conduit
à d'autres recherches; & j'ai trouvé qu'elles sont
aussi marquées dans les cartes de Bianco, que
je publierai, mais les noms n'y correspondent

point. Il y a dans une de ces cartes très anciennes, une île appellée *Ventura*, dont l'étendue
paroit très considérable; l'autre plus voisine de
l'Irlande, porte le nom de *Berzil*. Cette dernière se trouve aussi sur le Planisphère du Moine
Mauro de Murano, à l'exception, qu'elle s'appelle *Brazil*, nom que Bianco lui donne aussi,
comme nous l'avons vû parmi les Açores.
Au reste la position est égale à peu de chose
près, dans l'un & l'autre auteur. J'ai vû encore
dans le couvent de St. Michel de Murano, un
autre Portulan (*) de l'an 1471, attribué à un certain Benincasa de la ville d'Ancone, qui pour
le nom de cette île, est absolument conforme
au Planisphère du Moine Mauro, quoiqu'elle approche plus de celle de Bianco pour le dessein
& la position. Je trouve dans celui-ci l'indice
de l'île *Maida*, mais avec le nom *Maydi* un peu
alteré; & ce sont peut-être ces terres que les
Anglois & les Irlandois prétendent avoir découvertes dès ces tems-là. Il paroit au surplus
que ces îles étoient alors tracées sur les cartes
de la navigation sur la simple renommée de

─────────────

(*) Voyez la Note de l'Auteur pag. 41.

leur existence, puisque leurs configurations sont incertaines & leurs noms sujets à des variations.

Cependant je ne pourrai croire à l'éxistence de ces îles, parcequ'en les plaçant entre les Sorlingues & la Terre Neuve elles auroient dû être aujourdhui découvertes & reconnues par les Nations, qui fréquentent le grand Banc, qui n'auroient pas manqué de s'en emparer pour y former des magasins destinés à la pèche & au commerce. Tout me porte donc à croire, que les prétendues terres découvertes par les Gaulois étoient les îles Septentrionales des Açores. En effet on verra dans la carte de Bianco qui est jointe à cet ouvrage, que ces terres y sont très inexactement exprimées, comme le devoient être des pays à peine vus de loin en mer. Tout l'équivoque consistoit dans les noms, que différens voyageurs donnoient aux îles, qu'ils apparcevoient. Celui qui y fut poussé par une bourrasque l'appela l'île *di Ventura*, celui qui y arriva dans la belle saison, l'appella l'île *Verte* o *Verde* comme l'ont écrit les Espagnols; ainsi du reste.

D'après ces relations mêmes incertaines, ceux qui faisoient métier de dessiner des cartes pour

la navigation, & qui devoient être en grand
nombre, l'art de la gravure n'étant pas encore
re connu, marquoient à différentes distances de
la terre ces îles, ou plutôt ces noms reçus par
les navigateurs de ces tems-là, comme le moine
ne Mauro l'avoue ingénuement dans son Planisphère.
nisphère.

Les Vénitiens, qui possédoient depuis longtems
tems une supériorité marquée sur les autres nations
tions maritimes de l'Europe, par l'étendue de
leur commerce & de leur navigation, furent
aussi les plus jaloux de conserver & ramasser
les notions, qu'on pouvoit avoir de terres trouvées
vées & vues dans le vaste Ocean, non seulement
ment par les navigateurs de leur propre nation,
mais encore par ceux des nations étrangères.
Tout ce qui concernoit la mer appartenoit aux
Vénitiens, non pour y porter la désolation &
la tiranniser, mais pour y étendre leurs correspondances
pondances pacifiques & y propager les avantages
ges de leur industrie & de leur commerce. Nation
tion glorieuse & pacifique, qui pour s'agrandir
n'imita jamais Carthage dans son avarice, ni
Rome dans sa prépondérance orgueilleuse, mais
l'équité, l'industrie de ses commerçans & la sa-

gesse de ses conseils y contribuerent seulement :
c'est ainsi qu'on acquiert l'immortalité. Mais
quel avantage pouvoient-ils espérer en s'appli-
quant à la recherche de pays inconnus, habités
peut-être par de miserables Sauvages, ou par
quelques hordes errantes de nations barbares?
Quel trafic pouvoien-ils établir dans des pays
déserts? Celui peut-être, que d'autres exercent
cruellement sur les côtes malheureuses de l'Asie,
de l'Afrique & de l'Amérique ; mais ils ne firent jamais valoir ce droit, qui anéantit les
autres.

Dès le commencement du XV. siècle, ils a-
voient eu des notions certaines sur l'éxistence
du nouvel hémisphère, des îles & des terres
arctiques, par le moyen des découvertes faites
par les deux frères Zen, nom qui est devenu
immortel dans les fastes de la République, par
la valeur & la sagesse de Carlo Zen, la ter-
reur des énemis de sa patrie. Cette homme
vraiment grand, étoit le frère des deux autres
du même nom, dont nous venons de parler,
qui découvrirent le nouvel hémisphère. C'est le
commerce qui ne déroge, & ne peut déroger à
la noblesse, qui conduisit ces illustres naviga-

teurs jusqu'aux portes de l'Angleterre & de la
Flandre, où les Vénitiens faisoient un commerce très avantageux par le moyen de leurs cara-
vanes & de leurs vaisseaux particuliers; & sur
tout à Anvers, où étoit le marché le plus considérable qu'ils eussent dans ces contrées. La
bourrasque poussa Zeno avec tant de violence
vers le Nord & le Ponent, qu'il alla se briser
contre les côtes inconnues d'une grande île, où
il séjourna plusieurs années, & en guidant les
flottes du Souverain de cette île, il reconnut
en passant l'Islande & la Groëlande; & en s'a-
vançant vers le Ponent il vît encore des terres
inconnues, qu'aujourdhui on reconnoît bien
facilement pour les terres de Labrador, le Ca-
nada, la Virginie & le Mexique d'après la description qu'on donne des coûtumes & des productions de ces contrées.

Qu'il me soit ici permis de reprocher à un savant auteur de la Littérature Italienne, le peu
de critique, avec la quelle il examine ce point
de notre histoire. Car je ne vois pas pour quelle raison il ait mis au rang des fables la relation des frères Zen. Je ne m'arreterai pas ici
à démontrer qu'il a commis une erreur & une

très grande erreur en suivant l'opinion de Baudrand, qu'il ne devoit pas adopter.

Mais je dirai franchement qu'il auroit mieux jugé des découvertes faites par nos deux patriciens les frères Zen, s'il eut vû leur carte marine, qui a été publiée à Venise avec leur relation en l'an 1556, c'est-à-dire avant que le Roi de Danemarck fut parvenu à retrouver les plages de la Groëlande, dont la trace s'étoit perdue dès le XIV. siècle. Je voudrois un peu, qu'il me dise comment on pouvoit tracer les côtes des terres inconnues jusqu'au siècle suivant, & comment on pouvoit les dessiner avec justesse. Mais il se convainquera encore mieux de son erreur, lorsqu'il aura sous les yeux la carte même, que je compte publier dans un autre tems; & il y appercevra bien exprimée l'embouchure de la Baye d'Hudson, ou du Détroit de Davis, & enfin un dessein qui n'est pas méprisable de toute la Groëlande. -

Cette carte marine, autant qu'il paroit n'étoit pas encore bien commune à Venise en 1436, puisque Bianco n'en fait point usage, si toute fois il eut sû s'en servir, pour corriger & augmenter une carte marine, que je doute encore avoir éxisté alors, comme je l'ai dit ailleurs. On trouvera seulement marqué dans la carte de la Mer Baltique, une île appellée *Stiland* & deux autres plus loin vers l'Occident nommées *Stockfish* & *Rovercha*, qu'au surplus on ne doit pas prendre pour la Norvège, qui est suffisamment exprimée comme une péninsule attachée au continent de l'Europe.

Cette île de Stiland pourroit bien être l'*Estotiland* des frères Zen, ce qui prouveroit, que même avant eux on avoit quelques idées obscures de ces terres Arctiques. L'île de Stockfish me donne un indice encore plus grand qu'elle ne peut être autre chose que l'île de Frislande, qui au rapport des frères Zen, étoit si fort abbondante en poissons, qu'elle en fournissoit l'Ecosse, l'Irlande, l'Angleterre & la Norvège même.

J'ai très bien distingué dans le Planisphère du moine Mauro l'île de *Stiland*, qui est désinée sous le nom de *Stilante*, qui en diffère peu; plus loin de la quelle, en tirant plus vers l'Occident, on voit le commencement d'une île beaucoup plus grande, dont le reste se trouve tronqué par une sotte légende, que l'auteur,

ou quelqu'autre moine plus ignorant encore,
que lui, avoue n'avoir pas voulu tracer en entier à cause de cette légende, ainsi que plusieurs autres îles qui devoient être placées plus
vers l'Occident, parcequ'elles ne pouvoient pas
y tenir. J'ai dit par quelqu'autre moine, parceque je suis d'avis, qu'après la mort du Moine
Mauro, il en a été de son Planisphère, comme des cartes du Palais Ducal, & je pense comme Ramusio qui assure que ce Planisphère a
été gâté par de ridicules inscriptions par des
figures, & sur tout des églises dont le dessein
est plutôt voisin de la fin du XV. siècle, que
de la moitié. Ce bon moine s'est plû à mettre
sur une simple carte de navigation toutes les fables géographiques de son tems, qu'il trouva
sans doute dans le Dictionnaire de Christophe
Buondelmonti prêtre Florentin, ouvrage de l'an
1400 environ très rare, peu connu, & que l'on
peut voir dans la Bibliothèque de St. Michel de
Murano, avec sa carte des îles de l'Archipel,
qui se trouve manuscrite dans plusieurs autres
bibliothèques remarquables de l'Italie. Parmi les
inepties qui se trouvent sur ce Planisphère, j'y
ai lû entre autres une inscription curieuse, où

il avoue s'être permis de dessiner des palais &
des églises dans les endroits, où il ne savoit
que dire. Ces sont les dommages, que ce planisphère a anciennement souffert; mais ceux
qu'il a eprouvé plus récemment sont irrépara-
bles, parceque (je ne sai pour quelle raison)
l'Italie, qui y étoit exprimée avec une grande
justesse & précision, y est presqu'entierement
éffacée.

Mais le Portulan de Benincasa d'Ancone,
réprésente au ponent de l'Irlande & de l'Ecosse
une île aussi vaste que l'Irlande même, que j'ai
aussi-tót jugé d'après sa configuration, devoir
être la Frislande des frères Zen. Mais elle est
nommée Scorafixa, ou Stocafixa, c'est-à-dire
Stochfish, au surplus de telle manière qu'on li-
se ce mot, il est toujours certain que c'est la
Frislande, puisqu'on y trouve le port de Port-
land au Midi, comme dans la carte des frères
Zen. D'où l'on peut conclure, que Benincasa en savoit plus que Bianco en fait d'hydrographie, & que non seulement il étoit
dessinateur, mais même auteur de cartes marines.

En effet son Portulan qu'il fit en 1471 est

certainement

certainement le premier, sur le quel on voye
distinctement tracés les dégrés de latitude. Ils
y sont marqués l'un après l'autre depuis 11 jusqu'à 64. Les panégéristes de Christophe Colomb, se sont donc trompés de beaucoup, lorsqu'ils ont voulu lui attribuer le mérite d'avoir
inventé l'usage de l'astrolabe. Il se peut, que
ce soit lui, qui en ait enseigné aux Espagnols
l'usage sur mer, comme paroit le croire Ovie-
do; mais non pas, qu'il en soit l'auteur, comme Casoni voudroit nous le persuader dans ses
annales de Genève. Autrement comment Benincasa auroit-il pû tracer aussi exactement les dégrés de latitude des lieux placés sur l'Ocean?
Je n'ai pas encore pû trouver aucun renseigne-
ment sur l'époque, à la quelle les Vénitiens
commencerent à faire usage de l'astrolabe en
mer, mais il me semble probable de croire,
qu'ils furent des premiers à l'emploier, puisque
de toutes les nations c'étoient eux qui fréquentoient le plus l'Ocean dans des parages, où ils
n'ignoroient pas, que les bourasques leur faisoient perdre les côtes de vue. J'ai bien retrouvé dans Sanudo Marin, qui écrivoit en 1300,
qu'il y fait mention de l'usage de la calamite,

K

dont il parle comme d'une chose très connue & alors commune chez les Vénitiens ; ce qui démontre la fausseté de ce que les panégéristes de Christophe Colomb ont avancé, que l'usage de l'aimant en mer ne s'est introduit qu'en 1415.

On observera, que dans les deux côtés de la carte de Bianco, qui se trouvent joints à cet ouvrage, on y voit une espèce de graduation; mais sans chiffres. Ces mêmes signes se trouvent encore d'une manière plus étendue & plus distincte, dans la carte générale de navigation du même auteur, & j'ai remarqué que les repartitions sont toutes égales entre elles, mais plus petites que celles de la carte qui est jointe ici. Je soupçonnai d'abord, que ce pouvoit être l'indice des dégrés de latitude, qui y auroient été placés pour servir aussi d'échelle à cette même carte, qui d'ailleurs en auroit été privée, mais cela ne peut être ; & d'après un examen plus exacte j'ai reconnu, que ce n'étoit autre chose, qu'une échelle de parties égales avec une division décimale pour les calculs trigonométriques de la navigation, comme je l'ai démontré dans mon essai sur la marine ancienne des Vénitiens.

En revenant à la carte de Bianco, on y voit marqué au septentrion des Antilles, le commencement d'une autre île appellée *Delaman Satanaxio.*

Je me suis fatigué en conjectures sur cette dénomination, & après les recherches les plus profondes sur la géographie ancienne & moderne. Je n'avois encore rien pû trouver, si ce n'est que dans les commentaires de *Domenico Mauro Negro* Vénitien, je trouvai qu'il faisoit mention d'une certaine île appellé *Demana* parmi celles, qui appartiennent au Portugal. Dans la carte générale de Bianco on ne trouve ni les Antilles, ni l'île de *Delaman Satanaxio*, parceque peut être ne pouvoient elles pas y tenir: il y a cependant une légende placé à ce même endroit, ou aux environs, qui dit: *Questo x mar de Baga,* ce qui veut dire, c'est ici la mer de Portugal, parceque peut être dans ces tems-là l'endroit le plus renommé du Portugal étoit la ville de *Vagas,* ou *Bagas,* au Midi d'Aveiro, que les Vénitiens, qui avoient alors le privilège de parler comme ils vouloient, appellerent à leur manière *Baga* & *Boga.* L'île de *Delaman* pourroit bien être la *Demana* de Do-

minique Negro. Cet auteur Vénitien écrivoit
vers l'an 1490, ou peu auparavant. Non seulement il fit onze volumes de commentaires sur
la géographie, comme l'annonce le frontispice,
mais il en fit encore onze autres sur l'Europe,
onze sur l'Asie & quatre sur l'Afrique. Cet
ouvrage très rare à été imprimé à Bâle par
Wolfango Wuissemburg en 1557.

Mais je n'ai pu tirer aucune lumières de tous
ses ouvrages, & j'ai parcouru en vain ceux de
Corvino, de Girava, de l'Appiano Tedesco,
Lilio Vicentino & plusieurs autres des siècles
postérieurs, par tout je n'ai trouvé qu'un pro-
fond silence. Enfin ce que je n'ai pu rencontrer
dans les livres de géographie, je crois l'avoir
trouvé dans un petit roman ancien intitulé : *Il
pellegrinaggio de' tre giovani di Cristoforo Armeno.*
Il y est fait mention d'une certaine région de
l'Inde, où chaque jour on voioit sortir de la
mer une grande main ouverte, qui prenoit les
habitans pendant la nuit & les entrainoit avec
elle dans la mer.

L'Inde dans ces tems-là étoit, comme tout le
monde sait, le pays des merveilles, & sous ce
nom on comprenoit toutes les provinces & tou-

tes les îles imaginaires, ou celles qui n'étoient pas bien connues. Cette opinion étoit si bien établie, que les Espagnols & les François eux mêmes donnent toujours le nom d'Indes Occidentales aux îles Antilles. Cette grande main ne pouvoit être certainement que celle d'un démon & d'un grand démon, puisqu'elle paroissoit d'une grandeur monstrueuse, ce qui prouve que c'est la main du Prince Satanas, qui régne sur le trône du Pluton. Il importoit peu que le pays dévasté par cette main diabolique fut île, ou continent, il suffisoit de savoir que la chose étoit ainsi, & croire à la vérité du fait.

Bianco le croioit aussi autant qu'on peut juger, puisqu'il en fait honorablement mention dans sa carte, il l'appelle l'île *de la man Satanaxio*; cette île dont on voit à peine le commencement dans cette carte marine, est tracée en entier dans le Planisphère du même auteur, qui est joint à cet ouvrage (*Vid. Pl. IV.*): & on voit que cette île étoit censée être de peu de chose plus petite que l'Antille, à la quelle elle ressembloit beaucoup pour la configuration; on n'y a point mis nom, ni à l'une, ni à l'autre: il en est de même des Azorides & des îles Canaries.

Avant que de passer à l'examen de cet autre ouvrage de Bianco, il convient auparavant d'en fixer l'antiquité, puisque cette carte doit être aussi une simple copie faite par ce géographe sur des originaux antérieurs à lui.

Pour avancer méthodiquement dans cette recherche, il faut observer avant tout, la construction de ce Planisphère, construction vraiment bizarre; mais que je trouve commune à tous les Planisphère de ces tems-là, il ne faut pas parler ici de projection, mais il faut regarder cette pièce, comme une peinture sans aucune espèce de régle ni de proportion. En effet comment les Anciens pouvoient-ils penser à réprésenter avec les régles exactes de la trigonométrie la convexité de la terre sur une surface plane, tandis qu'ils ne savoient pas au juste qu'elle figure avoit le monde.

Ils avoient une idée confuse de la rotondité de la terre, & ils n'ignoroient pas les principes de géometrie; mais trouvant que les anciens philosophes n'étoient pas d'accord entre eux, les uns donnant au monde la figure d'un tambour, & les autres celle d'un disque, ils ne pouvoient pas plus adopter une opinion que l'autre. Au reste je ne peux comprendre comment nos Anciens, qui avoient sous les yeux le Planisphère de Ptolomée dessiné avec les régles de la projection stéréografique, quoiqu'avec peu d'exactitude, n'ont pas aussi suivi la même méthode pour réprésenter le monde tel qu'ils le connoissoient alors. Ils auroient pu corriger bien facilement la configuration des côtes si mal exprimée dans Ptolomée, & rendre en même tems leurs cartes moins défectueuses dans les positions. Mais puisqu'une chose si facile & si naturelle ne leur est pas venue en tête, j'en conclus, qu'ils né comprenoient pas Ptolomée, ou bien qu'ils ne le connoissoient pas.

D'un autre côté Bianco le connoissoit très bien, puisqu'on voit dans ses cartes le nom de Planisphère de Ptolomée latinisé, mais sans le comprendre à coup sûr; car autrement il ne se seroit pas fatigué à tracer celui, qu'on voit ici. Cela démontre clairement qu'il n'étoit pas l'auteur des cartes, qui portent son nom. A l'égard du Planisphère, qui se trouve joint à cet ouvrage il fut certainement construit avant 1290, & en voici la preuve. On observera, que dans la partie de l'Afrique, baignée par la Méditer-

ranée, & qui correspond à la Barbarie, que les
figures des trois souverains, qui réprésentent les
trois royaumes de Tremecen, Fez & Maroc s'y
trouvent exprimées. Celui de Fez n'y est pas
nommé, mais on lit en place *Rex belmarin*, il
a entendu dire par là, le Roi de Benimarin.
En effet la Dinastie de Benimarin, ou Marin,
de la race Africaine des Zénètes, occupa le royaume de Fez dans le XIII. siècle, après on
avoir chassé les usurpateurs descendants du pré-
dicateur Habdul Mumen. Cette dinastie en 1290
regnoit encore à Maroc & à Tremecen, & elle réunissoit sous un même domaine les trois
royaumes qu'elle conserva jusqu'à l'an 785 de
l'Egire, qui correspond à l'an 1407 de l'Ere
chrétienne.

Cette dinastie dura environ 170 ans, & elle
entra en possession du royaume de Maroc l'an
668 de l'Egire qui correspond à l'an 1290. C'est
par cette raison, que les Benimarins ne regnè-
rent que 53 ans seulement sur le royaume de
Fez. C'est dans ce tems-là, que le Planisphère
qui a servi de modelle à Bianco a dû être construit. Parceque si nous en croions Leon l'Afri-
cain, la famille des Benimarins n'existoit plus,

il est d'ailleurs certain qu'elle n'occupa Fez séparément que 43 ans avant l'an 1290. On voit de plus exprimé sur cette carte le vieux de la montagne, dont au rapport de Marco Polo, le règne fut détruit vers la fin de 1300. De cette manière il semble prouvé que ce Planisphère a été dessiné pour la première fois vers la moitié du XIII. siècle.

Je me suis confirmé dans cette opinion par la comparaison que j'en ai faite avec les cartes de Marin Sanudo Torcello, publiées par Bongarsio dans son receuil intitulé: *Gesta Dei per Francos*, dans le quel j'ai trouvé une constru-ction de Mappemonde très semblable à celle-ci, quoique beaucoup moins abondante en figures & en dessein. Je n'ai pû me procurer une co-pie de celle que possedoit Mr. Girolamo Zanetti, qui après avoir flatté le public de la mettre au jour, préféra de la vendre au P. Paciaudi, qui la fit ensuite passer dans la Bibliothèque du Duc de Parme, où elle est conservée; quoique je l'aie vue il y a plusieurs années, je ne m'en rappelle pas assez pour en juger. Avec tout ce-la je ne doute point, que cette Mappemonde n'ait été faite sur le même modèle, que toutes les autres de ce tems-là. En jugeant cependant d'après le peu de notions confuses, que Zanetti nous en laisse dans son traité, sur l'origine de quelques-uns des arts principaux chez les Vénitiens, je crois pouvoir avancer, que cette carte qu'il pense être de 1367, n'est qu'une simple copie d'une autre plus ancienne du siècle précédent, & par conséquent contemporaine au Planisphère de Bianco. Zanetti avec un peu de critique auroit pû s'en appercevoir bien facilement, mais il n'a fait aucune attention à une chose aussi vieille, soit qu'il n'ait pas sû, ou n'ait pas voulu y réflechir. Il décrit de quelle manière les villes sont réprésentées sur sa carte en plan élevé, avec les murs, les tours, les étendarts &c. Entre autres on y distingue la ville de Constantinople surmontée d'une couro- ne dorée & deux étendarts attachés au même baton, on voit cinq croix sur l'un & selon lui c'est l'étendart des croisés; & sur l'autre St. Marc avec le Lion ailé.

Il n'est pas difficile de penser que cet emblè- me ne pouvoit y être placé, que dans le tems, où la République de Venise possedoit encore la ville de Costantinople, conjointement avec les Empéreurs Latins, c'est-à-dire vers le milieu du XIII. siècle. On voit de cette manière que les frères Pizigani, qui en 1367 y mirent leurs noms comme auteurs, ne furent que de simples copistes. D'ailleurs on sait très bien qu'il ne pouvoit être probable en aucune façon, qu'ils pussent être les premiers inventeurs des cartes marines à Venise, où le commerce maritime & la navigation fleurissoient plusieurs siècles auparavant.

Il me paroit que Zanetti s'est trompé, quand il pense que sa carte pouvoit être utilement comparée avec les itinéraires de nos plus fameux voyageurs, tels que Polo, les frères Zen & Cadamosto. Pour les deux derniers ils n'existoient pas en 1367; & l'autre étoit déjà retourné dans sa patrie; mais je doute beaucoup que ce gentilhomme ait bien voulu communiquer les relations de ses voyages aux Pizigani, copistes de cartes pour la navigation. Je me reserve d'en parler avec plus de connoissance, si je parviens à m'en procurer une copie fidelle; & je n'en priverai point le public, si je la trouve digne de voir le jour.

De tous les autres Planisphères postérieurs

à celui-là, le plus ancien est celui du moine Mauro, qu'on sait au juste être de la moitié du XV. siècle, il est cependant construit dans le même goût que celui de Bianco.

Le centre du monde est placé dans la Caldée, & toutes les autres régions connues alors, y sont placées tout à l'entour, d'où il arrive que toutes les configurations en sont altérées. La raison de placer le centre du monde dans la Caldée est très claire. Les plaines de Sénaar ont été d'abord le centre de tout le genre humain, qui se partage de là dans le reste du monde. Cette idée qui a pris probablement naissance dans l'imagination de quelque moine parut alors si belle & si raisonable, que tout le monde l'adopta, dans un tems, où ces sortes d'idées étoient fort en vogue.

On peut observer néanmoins que Bianco ne mit par précisément dans la Caldée le centre de son Planisphère. La tour de Babel, qui est le simbole de cette région est un peu distante du centre de la carte, mais placée proche la Mecque, c'est-à-dire en Arabie. Ce qui prouve que l'auteur n'étoit pas bien certain où étoit la Mecque & l'Arabie, & encore moins la Caldée. Les Anciens s'embarrassoient fort peu de ces sortes de choses, il leurs suffisoient de s'exprimer d'une manière, ou d'une autre, & pour ce qui concerne l'intérieur des terres & les parties éloignées de la mer Méditerranée, ou des mers de l'Europe Méridionale, leurs cartes n'étoient que des desseins de fantaisie.

Je ne crois pas me tromper en avançant que ce Planisphère de Bianco est l'ouvrage de quelque moine du XIII. siècle; parceque mon opinion est appuiée de fortes indices. Un peu d'examen fait clairement reconnoître, que l'auteur à pris un soin particulier d'y placer & d'y exprimer les points principaux de l'érudition sacrée de ce tems-là. C'est pourquoi le Paradis Terrestre n'y est pas omis, il est placé dans la partie la plus orientale du monde, dont on voit sortir les quatre fleuves mentionnés dans l'Ecriture Sainte. Il leur importoit peu que le cours de ces fleuves correspondît à la géographie de Moïse, il suffisoit que ce fut quatre fleuves & qu'ils sortissent du Paradis Terrestre. On y voit encore le lieu où Adam & Eve furent transportés après le péché, avec la mort qui est placée à leurs pieds pour indiquer leur condamnation;

l'Ange qui défend l'entrée du Paradis avec une lance & une épée, n'y est pas non plus oublié. Le couvent même des moines n'y est pas omis; & où n'en avoient-ils pas?

Cet hospice étois habité par un certain Macario, témoin oculaire sans doute de ce que l'auteur avance, & autant qu'on en peut juger par ce qui est marqué sur la carte de Bianco, la cellule de ce moine étoit placée à la porte du Paradis.

On apperçoit à l'autre extrémité le pays de Gog & Magog, & un peu au dessous la figure d'un Roi nommé Alexandre, avec une légende à côté, qui signifie que c'est dans cet endroit, que les peuples de la génération d'Alexandre de la tribu des Juifs ont habité: assemblage monstrueux de contes ridicules. Il y entre de tout, de l'Apocalipse, du Quint-Curce, du Talmud & par dessus tout beaucoup d'ignorance. Il est fait mention du pays de Gog & de Magog dans l'Apocalipse. Je ne sai s'il est employé allégoriquement, ou dans un de ces sens, avec le quels les théologiens savent expliquer l'Ecriture Sainte: il n'est point dit, où, ni comment il existoit. Mais l'auteur du Pla-

nisphère décide la question, *e te la pone in luogo opportuno*, c'est-à-dire dans un lieu où il ne
savoit que mettre.

Je ne sache pas cependant parmi le grand
nombre de fables, que Quint-Curce a debité sur
les gestes d'Alexandre, qu'il ait donné le moin-
dre indice, que ce Roi eut placé ses descendans dans une extrémité du monde, voisin de
Gog & de Magog. Il semble encore plus étrange, que les descendans d'Alexandre soient de la
tribu des Juifs, & qu'on les reserve pour com-
paroitre vers la fin du monde, affin d'accomplir
les prédictions de l'Apocalipse. Quelle ignorance grossière! Il ne pouvoit y avoir que des Rabins, ou des Moines du XIII. siècle, qui pussent former un assemblage aussi monstrueux.
Les Rabins ont écrit, & leurs sots partisans
croient qu'il existe un pays à l'extrémité de la
terre, ou Salmanazar a conduit les dix tribus
& qu'elle y habitent encore. Ils s'imaginent,
que là il y a un fleuve, qui, excepté le jour
de sabat, roule continuellement des rochers &
du sable; ce qui empêche l'entrée de ce pays
lointain, de manière que ni les Israélites ne peuvent en sortir, ni les Juifs ne peuvent y péné-

trer. Ils esperent que le Messie doit un jo
sortir de ce pays pour procurer aux Hébr
la Monarchie Universelle. Les préjugés & l
prit de prévention ont tant d'empire sur l'
prit humain, que les Rabins les plus érud
se nourrissent de pareilles chimères & en
tretiennent les autres; & l'on voit le fame
Kimchì exposer avec gravité une pareille éru
tion dans son dictionnaire au mot *Sambathi*
qui est le nom de ce fleuve prodigieux. M
ensuite il se découvre pour un imposteur, qua
il assure avoir lui même vû de ce sable
étoit perpétuellement en mouvement & ne
stoit immobile, que pendant le sabat seulem

Ces fables rabiniques mêlées avec d'autres
différentes sectes produisirent ces idées absurd
qui furent propagées dans les siècles de barl
rie par l'ignorance grossière de quelques-uns
nos Anciens. La superstition jointe à l'ignor
ce les reçurent sans examen & sans critiq
Cependant les hommes étoient déjà trop éclai
dans le XV. siècle pour s'occuper de pareil
inventions. Les plus ignorans le croioient e
core: ceux qui étoient instruits n'osoient
les réfuter; mais en général & sur tout ce

partie,

partie, que nous habitons, commençoit déjà à cultiver les sciences, plutôt qu'à s'occuper de fables & à les inventer. Ils n'étoient que trop imbarassés de celles, que leurs ancêtres avoient fabriquées. C'est par cette raison, que le frère Mauro, quoique moine, omit plusieurs traits fabuleux dans son Planisphère. On n'y trouve ni Gog, ni Magog, ni Paradis Terrestre avec le frère Macario; mais il traça en place l'Inde Orientale & a ce qu'il paroit sur les mêmes principes, que Marco Polo. Pour ce qui regarde le Paradis Terrestre il se contente de parler de son éxistence dans une longue légende en citant l'autorité d'Albert le Grand, qui malgré sa grande réputation croioit encore des grandes fables; celle-ci entre autres, qu'il y avoit à l'éxtremité de la terre des montagnes douées d'une telle vertu attractive, qu'elles attiroient à elles la chair humaine, comme l'aimant attire le fer: ce qui étoit cause que les hommes ne pouvoient pas franchir les limites de la terre. Il est vrai encore, que ce n'étoit point une invention de sa façon, car il l'avoit apprise d'une Arabe.

Ce Planisphère de Bianco ne contient aucune des découvertes de Marco Polo. Il n'y a rien de tout ce, que ce voyageur raconte de l'Inde. Si on y lit le nom de *Chatay*, c'est que l'éxistence de cette région étoit connue a-vant Marco Polo, quoique d'une manière très confuse. L'empire du Prêtre Jean, que Marco Polo met dans l'Inde, ou dans la Tartarie (peut être en prennant le Pontife souve-rain du Thibet pour un Roi Chrétien) est placé dans le Planisphère de Bianco à l'Occi-dent de la Mer Rouge & de la Mecque, c'est-à-dire presque dans la partie, qui correspond à l'Abissinie, où l'on savoit qu'il éxistoit un Mo-narque Chrétien, qui passoit pour prêtre, com-me je l'ai démontré dans le VI. tome de l'His-toire des Voyages au châpitre de l'Abissinie.

. Le grand Golfe rempli d'îles réprésente sans aucun doute les îles des Indes Orientales, mais on voit clairement, que dans ces tems-là, où ce Planisphère fut dessiné pour la première fois, les découvertes de Marco Polo n'avoient pas en-core été faites; c'est-ce qui m'est encore plus démontré d'après les observations sur l'autre Planisphère du frère Mauro, où les îles Indien-nes sont exprimées d'une manière très détaillée. Dans celui-ci au contraire tout est confus &

fabuleux. On doit observer néanmoins que les deux péninsules qui sont en de çà & de là du Gange semblent en quelque façon indiquées par les deux extrémités dont on vient de parler ; l'île du Temple de Chatay paroit correspondre à la position du Japon. D'une autre côté l'empire d'Emibar indique peut-être la côte de Zanguebar, où il paroit que les Orientaux naviguoient, puisqu'on y voit une figure de galère, qui y est dessinée. Je pourrois apporter des preuves encore plus fortes, & les appuier d'un grand nombre d'autres observations pour soutenir mon opinion sur l'âge de cette carte; mais il faudroit trop s'étendre dans des digressions étrangères à mon sujet : ce qui m'obligeroit de donner l'explication de beaucoup d'autres fables. Cependant pour l'eclaircissement de cette singulière carte, j'en choisirai une seulement, la principale & la plus fameuse du siècle de l'ignorance.

Le vieux de la montagne dont il est parlé dans le Planisphère de Bianco, est aussi mentionné dans les voyages de Marco Polo sous le nom de *Reumedanacomar*, mot tartare qui signifie précisément le vieux de la montagne.

Son nom étoit formidable dans tout l'Orient.
Dans l'origine c'étoit un scélérat, qui exerçoit
ses cruautés sur les frontières septentrionales de
la Perse. Ce voleur s'étoit fixé dans les monta-
tagnes & les rochers les plus escarpés de ces
cantons, il y avoit construit un château, que
l'on croioit imprénable. C'est de là qu'il éten-
doit ses rapines jusques dans les contrées les
plus éloignées de l'Asie. Une partie considérable des Georgiens, ainsi que des habitans grossiers des valées du Caucase, étoient rangés sous
ses étendarts & vivoient sous ses loix. Reumedanacomar avoir sû en imposer à ces nations
barbares, qui le regardoient comme un legisla-
teur & un prophète. Il promettoit à ses secta-
teurs la jouissance des plaisirs éternels, & quelque fois même il leur en faisoit goûter d'anti-
cipées. Dans cette vue il choisissoit les plus
simples, & après les avoir enivrés avec de certaines drogues & principalement de l'oppium,
il sembloit les transporter dans une vallée déli-
cieuse, où à l'imitation du Paradis de Maho-
met, les jeunes filles les plus belles & les plus
séduisantes de la Géorgie & de la Mingrélie
leurs faisoient goûter des plaisirs célestes.

A l'égard des autres fables concernant les hommes velus, les hommes sans tête avec les yeux sur la poitrine, l'étoile d'Orient &c. & beaucoup d'autres, il faudroit avant d'en parler examiner un grand nombre d'ouvrages, qui n'ont pas encore paru, dans les quels on traite de la Cosmographie des siècles barbares, & en recher. chant la trace jusques dans l'origine de la plus haute antiquité chrétienne; ce que je n'ai ni la volonté, ni le tems d'entreprendre.

En attendant on pourra fixer son opinion sur ce Planisphère, & y découvrir peut-être encore ce qui est échappé à mon attention. Il me paroit au reste que pour le présent je puis conclure, que la carte originale du Planisphère de Bianco est certainement un ouvrage du XIII. siècle; mais je ne suis pas non plus de l'avis, que les autres cartes de cet auteur soient toutes de la même antiquité: il y en a de différens tems, témoin le Mappamonde de Ptolomée, qui se trouve avec elle. A l'égard de la carte hydrographique qui èst publiée ici, (*Vid. Pl. III.*) elle pourroit bien être aussi du XIII. siècle. Mais on ne peut nier, que dans un cas pareil on a dû y faire des aditions sur ce qui regarde la partie de l'Atlantide, où se trouve tracé, comme l'on a vû, les îles Canaries & les Açores découvertes dans le XIV. ou XV. siècle seulement. On peut en dire autant du Planisphère, sur le quel on voit tracées les mêmes choses, quoiqu'elles n'y soient pas nommées. Il étoit facile d'ajouter successivement, & de placer dans cette mer vuide, toutes ces petites îles, qu'on découvroit, d'autant plus qu'on ne se piquoit pas d'éxactitude dans la position.

Les côtes d'Afrique au de-là de Gibraltar en allant vers le Midi, sembloient s'étendre beaucoup plus, que ce qu'on supposoit connu du tems de Bianco. Outre le Cap Bojador paralelle aux îles Canaries, on en découvre un autre plus grand, qui correspond au Cap Blanc. La côte se retire ensuite vers le Sud-Ouest, & forme deux Golfes, dont l'un paroit correspondre à l'embouchure du Sénégal, & l'autre à celle du Gambra. Si Bianco y avoit écrit les noms, j'aurois pû en parler avec plus de précision en les confrontant avec ceux du Planisphère du moine Mauro, qui réprésente & nomme jusqu'au Cap Verd, dont la configuration différe très peu de celui-ci. Au de là du Cap Verd le moine Mauro y place un Golfe rempli d'îles, où il met l'embouchure du Sénégal. Il avertit que de son tems on debitoit encore qu'il étoit impossible de passer ce fleuve vers le Midi. Bianco n'en parle point, mais il y a dessiné un vaisseau en avertissant, qu'il existe dans cet endroit des hommes, qui ont des dents & une figure de chien, ce qui est une fable très ancienne, dont j'ai trouvé une explication fort étendue dans le dictionnaire cosmographique de Christophe Buondelmonti, qui est cité ailleurs, mais qui n'a pas encore été imprimé. Cette explication correspond parfaitement à celle qu'en donne le moine Mauro. Il est constant, que les Anciens croioient, qu'il étoit impossible d'avancer davantage vers le Midi, comme Ciceron lui même s'en explique dans le songe de Scipion.

Mais Ciceron après tout n'auroit jamais crû, qu'il y eut en cet endroit un repaîre de Dragons ailés, des Sirénes & enfin un Judas pendu à une potence, comme l'auteur du Planisphère le croioit: chose extravagante sans doute, mais qui renfermoit à mon avis quelque vérité cachée sous un simbole, comme toutes les fables anciennes de la Mithologie.

J'ai trouvé, je crois, sans difficulté ce que nos Anciens prétendoient par un simbole aussi bizarre : par le pays de Judas, ils vouloient exprimer la Guinée, qu'ils devoient au moins connoître de réputation. Son voisinage de la ligne dans un pays exposé à une chaleur infernale, convenoit infiniment pour y placer le plus méchant de tous les hommes. Il est d'ailleurs très vraisemblable, que l'ignorance chez eux jointe à la superstition leur fit croire, que cette région lointaine & brulante ait pris son nom du traitre, qui à livré le Christ.

F I N.

Pl I

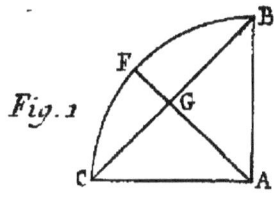

Fig. 1

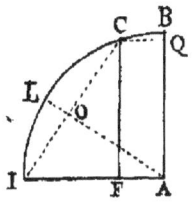

Fig. 2.

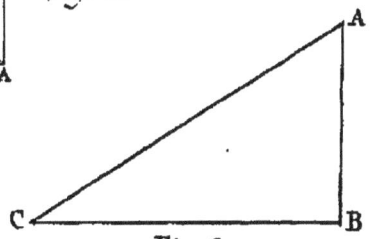

Fig. 3.

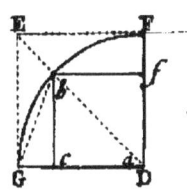

Fig. 4.

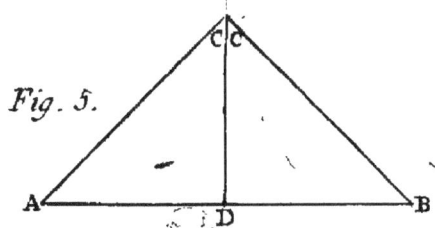

Fig. 5.

Pl. II.

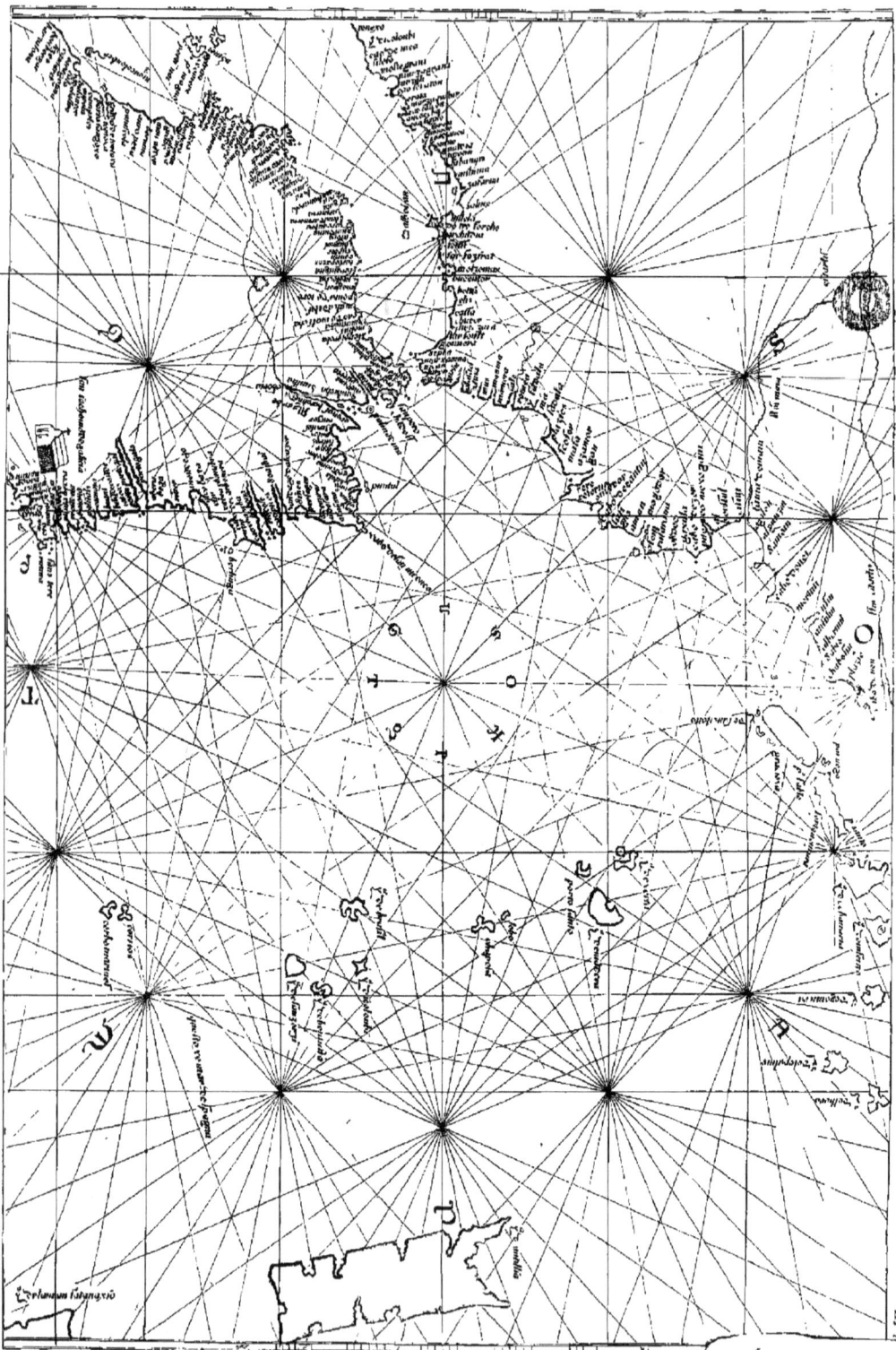

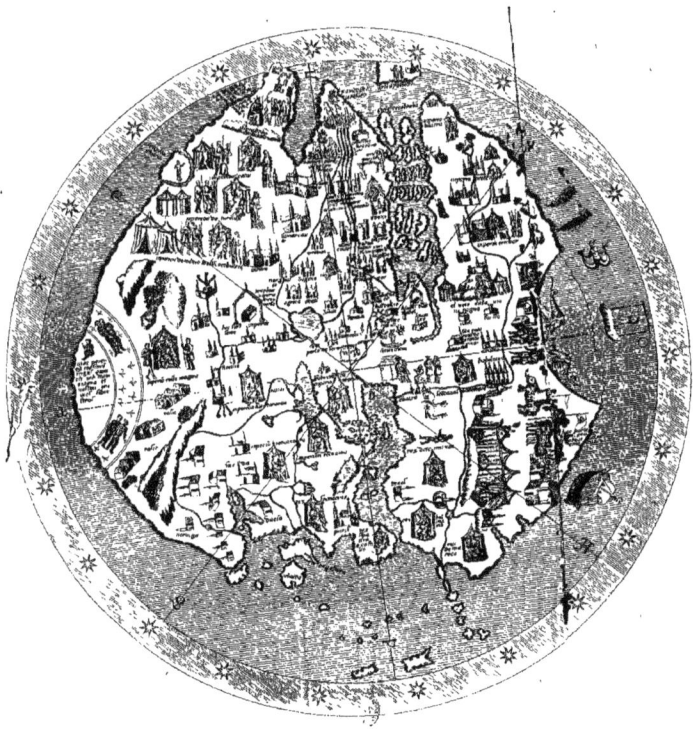

www.ingramcontent.com/pod-product-compliance
Lightning Source LLC
Chambersburg PA
CBHW072044090426
42733CB00032B/2211